Daisaku Ikeda

Über die Verwirklichung der Buddhaschaft in diesem Leben

Goshovorlesung

SGI·D

ISBN-Nr. 978-3-937615-06-6

Übersetzung und Lektorat: Kathrin Büchs, Katrin Engelmann
Lektorat: Vera Falkensteiner
Redaktion: Kathrin Büchs
Umschlaggestaltung/Satz/Layout: Angelika Plag, Berlin
Foto Umschlag: www.photocase.com
Druck: FATA MORGANA Verlag, 10119 Berlin
Die Schreibweise entspricht den Regeln der neuen Rechtschreibung.

Inhalt

1.
Die Verwirklichung der Buddhaschaft in diesem Leben – grundlegendes Lebensziel und Quelle der Hoffnung für die Menschheit

„Wenn Sie sich von den Leiden aus Geburt und Tod befreien wollen, die Sie seit aller Ewigkeit erduldet haben und die höchste Erleuchtung in diesem einen Leben erlangen wollen, müssen Sie zu der mystischen Wahrheit erwachen, die immer schon in Ihrem Leben vorhanden war. Diese Wahrheit ist Myoho-Renge-Kyo. Das Chanten von Myoho-Renge-Kyo ermöglicht es Ihnen deshalb, die mystische Wahrheit in sich selbst zu erfassen.“
(DG 1, 43)

Was gibt dem Leben tiefen Sinn? Was bedeutet wahres Glück? Der Buddhismus Nichiren Daishonins ist eine Lehre der Hoffnung, mit der wir einen einzigartigen, unzerstörbaren Glückszustand in uns errichten, ein höchst wertvolles Leben führen und gleichzeitig anderen Menschen hierzu verhelfen können. Jeder hat das Potenzial, die Buddhaschaft zu verwirklichen. Doch damit nicht genug: Wir können diesen erhabenen Zustand erreichen so wie wir sind und gewiss sein, dies noch in diesem Leben zu schaffen! Voller Klarheit weist der Buddhismus Nichiren Daishonins uns diesen wunderbaren Weg zur Erleuchtung.

Die tiefgründige Lehre des Daishonins über die Verwirklichung der Buddhaschaft in diesem Leben war ein revolutionäres Konzept, welches das vorherrschende buddhistische Gedankengut sprichwörtlich auf den Kopf stellte. Heute ist es ein großartiges Prinzip mit dem kraftvollen Potenzial, unser Zeitalter grundlegend zu verändern und der modernen Gesellschaft des 21. Jahrhunderts Perspektiven für eine hoffnungsvolle Zukunft zu eröffnen.

Wir gehen nun auf den 80. Gründungstag der Soka Gakkai im Jahr 2010 zu. Im Hinblick auf unser künftiges Wachstum und unsere Entwicklung freue ich mich, gemeinsam mit Ihnen die Schrift des Daishonins *Über die Verwirklichung der Buddhaschaft in diesem Leben* zu studieren.

Die tiefe Bedeutung des Chantens von Daimoku

Über die Verwirklichung der Buddhaschaft in diesem Leben ist eine wichtige Schrift, die die grundlegende Theorie und Praxis des Nichiren-Buddhismus erläutert. SGI-Mitglieder auf der ganzen Welt konnten ihr Verständnis der wesentlichen Lehren des Daishonins vertiefen, indem sie sich aufrichtig mit dieser Schrift als Leitfaden für Ausübung und Studium auseinandersetzten.

Obwohl das Original nicht mehr existiert und weder das genaue Datum noch der Empfänger dieses Briefes bekannt sind, nimmt man an, dass er aus dem Jahr 1255 stammt und an Toki Jonin[1] gerichtet war. Die Vermutung, er sei im Jahr 1255 verfasst worden – also kurz nachdem der Daishonin im Jahr 1253 öffentlich seine Lehre von Nam-Myoho-Renge-Kyo verkündet hatte – erscheint zutreffend, wenn man sich den Inhalt des Briefes vor Augen führt: Er erläutert die Bedeutung des Chantens von Daimoku für Theorie und Praxis.

Das Chanten von Daimoku (oder das Rezitieren von Nam-Myoho-Renge-Kyo) stellt die Grundlage der Lehren des Daishonins und seines Lebenswerkes dar. Im Gegensatz zu den damals etablierten buddhistischen Schulen widmete sich der Buddhismus Nichiren Daishonins nicht der Anbetung einer bestimmten Gottheit oder eines Buddhas. Das Ideal des Lotos-Sutras ist die Erleuchtung aller Menschen. Die Ausübung des Chantens von Nam-Myoho-Renge-Kyo ist das Mittel, das der Daishonin zur Erreichung dieses Ideals entwickelte. Das Chanten ermöglicht uns, die uns innewohnende Buddhanatur zu aktivieren und diese als Lebenszustand der Buddhaschaft auch nach außen hin sichtbar zu machen.

Das Daimoku im Buddhismus Nichiren Daishonins hat dabei zwei Aspekte: den Aspekt des Glaubens (*Daimoku des Glaubens*) und den der Ausübung (*Daimoku der Ausübung*). *Daimoku des Glaubens* bezieht sich auf den spirituellen Aspekt unserer Ausübung. Im Wesentlichen geht es dabei um die in unserem Herzen stattfindende Auseinandersetzung mit unseren Illusionen oder unserer Dunkelheit – um den Kampf gegen die negativen und zerstörerischen Kräfte in uns. Das bedeutet, die Finsternis zu durchbrechen, die unsere Buddhanatur umgibt, und mit der Kraft des Glaubens den Lebenszustand der Buddhaschaft hervorzubringen. *Daimoku der Ausübung* dagegen bezieht sich darauf,

1 Toki Jonin: ein Laienschüler des Daishonins. Er lebte in Wakamiya im Katsushika Bezirk der Provinz Shimosa (Teil der heutigen Präfektur Chiba) und war ein Gefolgsmann Lord Chibas. Er war Empfänger zahlreicher Briefe des Daishonins (darunter auch *Das Objekt der Verehrung zur Betrachtung des Herzens* [*Das Wahre Objekt der Verehrung*]) und bewahrte diese sorgfältig auf.

dass wir selbst Nam-Myoho-Renge-Kyo chanten und es gleichzeitig auch andere lehren. Hier geht es darum, sich als Beweis unseres spirituellen Kampfes gegen innere Illusionen und Negativität mit Worten und Taten um das eigene Glück und das Glück anderer zu bemühen.

Wenn wir Nam-Myoho-Renge-Kyo chanten, sprechen wir zum einen den Namen der Buddhanatur in unserem eigenen Leben und dem Leben der anderen Menschen aus; zum zweiten rufen wir diese Buddhanatur damit auch hervor. Wenn der Glaube unsere inneren Zweifel und Illusionen besiegt, tritt die Kraft unserer Buddhanatur durch den Klang unseres Daimokus aus dem Inneren an die Oberfläche und wird spontan in unserem Leben sichtbar.[2]

Der springende Punkt, der den Buddhismus des Daishonins von anderen buddhistischen Schulen der damaligen Zeit unterscheidet, ist die Einführung einer derart konkreten Ausübung, nämlich des Chantens, als Mittel zur Verwirklichung der Buddhaschaft. Von der erstmaligen Verkündung von Nam-Myoho-Renge-Kyo bis hin zu seinem Tod kämpfte der Daishonin voller Leidenschaft dafür, die Menschen im ganzen Land diesen höchsten Weg der Erleuchtung zu lehren.

Gleich im ersten Absatz von *Über die Verwirklichung der Buddhaschaft in diesem Leben* spricht der Daishonin klar und umfassend die grundlegende Philosophie zur Errettung und für das Glück der Menschheit an, die das Kernstück seiner Lehre darstellt:

> *„Wenn Sie sich von den Leiden aus Geburt und Tod befreien wollen, die Sie seit aller Ewigkeit erduldet haben und die höchste Erleuchtung in diesem einen Leben erlangen wollen, müssen Sie zu der mystischen Wahrheit erwachen, die immer schon in Ihrem Leben vorhanden war. Diese Wahrheit ist Myoho-Renge-Kyo. Das Chanten von Myoho-Renge-Kyo ermöglicht es Ihnen deshalb, die mystische Wahrheit in sich selbst zu erfassen."*
> (DG 1, 43)

2 Nichiren Daishonin sagt: „Wenn wir das unserem Leben innewohnende Myoho-Renge-Kyo als Objekt der Verehrung betrachten, wird die Buddhanatur in uns hervorgerufen und durch unser Chanten von Nam-Myoho-Renge-Kyo manifestiert. Das ist die Bedeutung von ‚Buddha'. Zur Verdeutlichung: Wenn ein Vogel in seinem Käfig singt, werden die Vögel, die am Himmel fliegen, dadurch herbeigerufen und versammeln sich in seiner Nähe; und wenn die Vögel, die am Himmel fliegen, sich in seiner Nähe versammeln, wird der Vogel im Käfig versuchen sich zu befreien. Wenn wir mit unserem Mund das Mystische Gesetz chanten, rufen wir dadurch unsere Buddhanatur an und diese wird unweigerlich zum Vorschein kommen." (*How Those Initially Aspiring to the Way Can Attain Buddhahood through the Lotus Sutra*, WND, 887)

Im nächsten Teil dieser Vorlesung werde ich diesen Abschnitt noch genauer erläutern. Zusammengefasst enthält er folgende Aussage: Wenn wir in uns die mystische Wahrheit zum Vorschein bringen, die allen Lebewesen zueigen ist, können wir uns vom endlosen Leiden aus Geburt und Tod befreien. Der Name dieser mystischen Wahrheit ist Myoho-Renge-Kyo – und das Mittel, sie sichtbar werden zu lassen, ist das Chanten von Myoho-Renge-Kyo.

Die Bedeutung unserer Existenz als Mensch

> *„Trotz allem, selbst wenn Sie Myoho-Renge-Kyo chanten und daran glauben, und doch gleichzeitig denken, dass das Gesetz außerhalb Ihrer selbst liegt, dann nehmen Sie nicht das Mystische Gesetz an, sondern eine unterlegene Lehre."* (DG 1, 43)

Das Konzept der *Verwirklichung der Buddhaschaft in diesem Leben* bezieht sich auf gewöhnliche Menschen, die innerhalb ihrer gegenwärtigen Existenz die Erleuchtung erlangen. In der Konsequenz heißt das außerdem, dass sie dies erreichen können so wie sie sind. Insofern ist *Verwirklichung der Buddhaschaft in diesem Leben* gleichbedeutend mit *Verwirklichung der Buddhaschaft in der gegenwärtigen Form*, einem Konzept der Buddhaschaft, das das *Devadatta*-Kapitel (12. Kapitel) des Lotos-Sutras am Beispiel der Tochter des Drachenkönigs[3] bildhaft darstellt.

Diese Sichtweise steht in deutlichem Gegensatz zu den dem Lotos-Sutra vorausgehenden Lehren, wonach die Erleuchtung davon abhing, dass man sich zuvor zahllose Leben lang strengen Ausübungen gewidmet hatte. Der Lebenszustand der Buddhaschaft ist mit dem ewigen Mystischen Gesetz verschmolzen und durch unbegrenzte Weisheit sowie überfließendes Mitgefühl gekennzeichnet. Daher neigte man gemeinhin dazu, diesen Zustand als völlig getrennt und weit entfernt vom Leben gewöhnlicher Menschen zu betrachten, die ja in Illusionen gefangen waren. Um die Erleuchtung zu erlangen, so dachte man, müsse erst die tiefe Kluft zwischen dem geistigen Zustand eines Bud-

3 Im *Devadatta*-Kapitel (12. Kapitel) des Lotos-Sutras weckt die Predigt des Lotos-Sutras von Bodhisattva Manjushri in der achtjährigen Tochter des Drachenkönigs Sagara den Wunsch nach Erleuchtung. Sie kommt daraufhin zu Shakyamuni, um ihm ein Juwel zu schenken, und vervollkommnet auf der Stelle die Bodhisattva-Ausübung. Danach erscheint sie in einem Land im Süden namens *Makellose Welt*, verwirklicht – ohne ihre äußere Form als Drache zu verändern – den Buddhazustand und predigt dort allen Lebewesen das Lotos-Sutra. (vgl. LS 12, 187ff.)

dhas und dem gewöhnlicher Menschen überwunden werden. Dies führte zu der Vorstellung, es sei notwendig, unzählbare Kalpas lang strenge Ausübungen durchzuführen.

Der Buddhismus Nichiren Daishonins dagegen stellt klar, dass wir in unserer aktuellen Existenz, in die wir als Mensch hineingeboren wurden, das im Lotos-Sutra erläuterte Konzept der *Verwirklichung der Buddhaschaft in der gegenwärtigen Form* umsetzen können – d. h. die Buddhaschaft verwirklichen so wie wir sind. Das veranlasste den Daishonin, seine tiefgründige Lehre von der *Verwirklichung der Buddhaschaft in diesem Leben* zu erläutern.

Der Daishonin vergleicht diesen Prozess mit Reispflanzen: Einige reifen früher, andere später – doch alle gelangen binnen eines Jahres zur Reife und können geerntet werden. Genau so werden auch die Ausübenden des Lotos-Sutras in ihrer jetzigen Existenz ohne Zweifel die Buddhaschaft erlangen[4], erklärt der Daishonin.

Warum misst der Daishonin dem jetzigen Leben der Menschen eine so große Bedeutung zu? Natürlich besitzen nicht nur die Menschen, sondern auch alle anderen Lebewesen die Buddhanatur und damit das Potenzial zur Verwirklichung der Buddhaschaft in der gegenwärtigen Form. Doch der Daishonin betont die *Verwirklichung der Buddhaschaft in diesem Leben* so stark, weil er stets zuallererst das Glück der Menschen im Blick hat.

Das menschliche Herz ist empfindsam, vielfältig und reich, und es vermag Unglaubliches zu leisten. Doch aus genau diesem Grund quält uns oft auch großes Leid. Denn ebenso kann das menschliche Herz gefangen sein in einer Endlosschleife von Negativität und Abwärtsentwicklung. Wird sich unser Leben auf ewig in den Pfaden des Bösen bewegen – oder können wir es mit Erfolg in die Umlaufbahn des Guten lenken?

In vielen seiner Schriften betont der Daishonin immer wieder, wie wichtig und entscheidend das Herz bzw. die Geisteshaltung eines Menschen ist. In dieser inneren Sphäre des Lebens liegt – immer wieder – das Potenzial für die dramatische Wende vom Bösen zum Guten oder umgekehrt. Darum können wir

4 In seiner Abhandlung *Ichinen Sanzen Homon* (Die Lehre der Dreitausend Bereiche in einem einzigen Lebensmoment) sagt der Daishonin: „Wenn die Ausübenden des Lotos-Sutras entsprechend der Lehre des Buddhas praktizieren, werden sie sicher ohne eine einzige Ausnahme die Buddhaschaft im Laufe dieses Lebens verwirklichen. Zum Vergleich: Wenn jemand im Frühling oder Sommer sein Feld bestellt, wird er – egal ob die Aussaat nun früher oder später erfolgt ist – innerhalb eines Jahres die Ernte einfahren. Es gibt drei Kategorien von Ausübenden des Lotos-Sutras: solche mit herausragenden, durchschnittlichen oder geringen Fähigkeiten. Und doch werden ausnahmslos alle innerhalb dieses einen Lebens die Erleuchtung erlangen." (GZ 416)

Daishonin dargelegte Lehre der Erleuchtung als einen Prozess anse- ıit einem inneren Wandel beginnt. Durch die Kraft des Glaubens kön- ..en wir die negativen Funktionen in unserem Leben besiegen, die bestimmt sind von der jedem menschlichen Herzen innewohnenden fundamentalen Dunkelheit, und die positiven Funktionen des Lebens zum Vorschein bringen, die der Dharmanatur entsprechen: unsere Buddhaschaft.

Unsere gegenwärtige Existenz, in die wir als Mensch hineingeboren sind, ist eine wunderbare Chance um sicherzustellen, dass unser Leben sich nicht länger in den bösen Pfaden bewegt, sondern den Weg des Guten einschlägt.

Betonung des inneren Wandels

„Wenn Sie also das Mystische Gesetz chanten und das Lotos-Sutra rezitieren, dann müssen Sie die tiefe Überzeugung aufbringen, dass Myoho-Renge-Kyo Ihr Leben selbst ist.“ (DG 1, 43)

„Rufen Sie tiefen Glauben in sich hervor und polieren Sie Ihren Spiegel Tag und Nacht. Wie sollten Sie ihn polieren? Nur durch das Chanten von Nam-Myoho-Renge-Kyo.“ (DG 1, 44)

In *Über die Verwirklichung der Buddhaschaft in diesem Leben* erklärt der Daishonin ausführlich, dass wir die Erleuchtung ohne eine grundlegende Veränderung in der Tiefe unseres Lebens, d. h. ohne eine Veränderung in unserem Herzen und unserem Geist, nicht erlangen können.

Zunächst sagt er, dass die mystische Wahrheit, die in allen Lebewesen vorhanden ist, „erklärt, dass das Leben und alle Phänomene sich gegenseitig beinhalten“ [Prinzip der *Dreitausend Bereiche in einem einzigen Lebensmoment*] (DG 1, 43) Demzufolge verkörpert unser Leben bzw. unser Herz in jedem Augenblick alle Phänomene und durchdringt diese gleichzeitig. Dieser Lebenszustand kommt einer Verschmelzung mit dem Universum gleich.

Außerdem warnt der Daishonin davor, das Mystische Gesetz außerhalb unserer selbst zu suchen; denn dann werden wir nicht die Erleuchtung erlangen, wie viel Daimoku wir auch chanten mögen. Im Gegenteil, unsere buddhistische Ausübung verkommt so „zur endlosen, qualvollen Selbstkasteiung“. (DG 1, 44) Er sagt in aller Klarheit: „Selbst wenn Sie Myoho-Renge-Kyo chanten und daran glauben, und doch gleichzeitig denken, dass das Gesetz außerhalb Ihrer selbst liegt, dann nehmen Sie nicht das Mystische Gesetz an, sondern eine unterlegene Lehre." (DG 1, 43)

Der Daishonin erläutert, dass wir tiefen Glauben entwickeln müssen, denn dies ist der Schlüssel für das Chanten von Daimoku. Wer auf diese Weise praktiziert, so sagt er, kann sein Leben polieren und die Erleuchtung verwirklichen. Er schreibt: „Wenn Sie also das Mystische Gesetz chanten und das Lotos-Sutra rezitieren, dann müssen Sie die tiefe Überzeugung aufbringen, dass Myoho-Renge-Kyo Ihr Leben selbst ist [d. h. Ihr Herz in jedem Augenblick des Lebens]" (DG 1, 43); und „Rufen Sie tiefen Glauben in sich hervor und polieren Sie Ihren Spiegel Tag und Nacht. Wie sollten Sie ihn polieren? Nur durch das Chanten von Nam-Myoho-Renge-Kyo." (DG 1, 44)

Außerdem spricht der Daishonin vom „mystischen Wesen des mittleren Weges, der Wirklichkeit aller Dinge" (DG 1, 44). Dies bedeutet das mystische, unergründliche Wesen des Lebens, unseres Herzens und unseres Geistes, das sich als Buddhaschaft zeigt. Auf diese Weise erklärt er, dass Myoho-Renge-Kyo das mystische Gesetz des Lebens, die innere Sphäre unseres Wesens ist. Vor diesem Hintergrund wird uns versichert, dass wir die Buddhaschaft in diesem Leben verwirklichen können, wenn wir mit tiefem Glauben an das Mystische Gesetz Daimoku chanten.

„Das [Lotos-Sutra] ist der König der Sutras, der direkte Weg zur Erleuchtung, denn es erklärt, dass das Wesen unseres Selbst, dem Gutes wie Böses entspringt, in der Tat das Wesen des Mystischen Gesetzes ist. Wenn Sie tiefen Glauben an diese Wahrheit besitzen und Myoho-Renge-Kyo chanten, ist es sicher, dass Sie die Buddhaschaft in diesem Leben verwirklichen." (DG 1, 45)

Eine wirklich humanistische Lehre

Als nächstes möchte ich drei Aspekte herausstellen, die die Lehre des Daishonins von der *Verwirklichung der Buddhaschaft in diesem Leben* so bedeutsam machen.

1. Indem der Daishonin mit der Einführung des Chantens von Daimoku allen Menschen den Weg zur Erleuchtung in diesem Leben weist, begründet er erstmals eine wirklich humanistische Lehre. Die Tatsache, dass allen Menschen der Weg zur Erleuchtung offen steht, könnte man gewissermaßen als Voraus-

setzung für eine wahrhaft humanistische Religion betrachten. Hier zeigt sich meines Erachtens der Stellenwert des Prinzips der *Verwirklichung der Buddhaschaft in diesem Leben* im religiösen bzw. philosophischen Zusammenhang.

Nichiren Daishonin besaß ein tiefes Verständnis des menschlichen Potenzials. Er erkannte, dass Menschen sich aus einem negativen Existenzkreislauf befreien und in einen positiven eintreten können, wenn sie eine grundlegende innere Wandlung vollziehen. Er zeigte ihnen außerdem einen praktikablen Weg auf, der genau das ermöglichte. Keine andere Lehre verdient folglich das Prädikat ‚humanistisch' so sehr wie die des Daishonins.

In *Das Wahre Wesen des Lebens* schreibt der Daishonin: „Man sagt über Shakyamuni, dass er die drei Tugenden des Herrschers, des Lehrers und der Eltern besaß um der gewöhnlichen Sterblichen willen, aber im Gegenteil, es ist der gewöhnliche Sterbliche, der ihn mit den drei Tugenden ausstattete." (DG 1, 36) Dieser Abschnitt beschreibt die Wende von einer „autoritären Religion" hin zu einer „humanistischen Religion", die den Menschen in den Mittelpunkt stellt.[5] Nichiren Daishonin, der mit seinem Buddhismus das konkrete Mittel zur *Verwirklichung der Buddhaschaft in diesem Leben* entwickelte, macht diese Wende möglich.

Als der erste Präsident der Soka Gakkai, Tsunesaburo Makiguchi, seine Theorie der Werte formulierte, schloss er den Aspekt der „Heiligkeit" nicht mit ein – obwohl eine Reihe von Denkern vor ihm diese als religiösen Wert erachtet hatte. Stattdessen hielt Makiguchi das „große Gute" für den höchsten Wert, den eine Religion anstreben sollte.

„Das große Gute" bezieht sich hierbei auf den höchsten Wert, den ein einzelner Mensch oder eine Gesellschaft schaffen können. Makiguchis Theorie der Werte vertritt die Ansicht, dass wahre Religion dem Wohlergehen der Menschen dienen sollte. Indem der Daishonin den Weg zur Verwirklichung der Buddhaschaft in diesem Leben ebnet, begründet er eine Religion, die den größtmöglichen Beitrag zum Glück der Menschen leistet.

5 Ausführliche Erläuterung dieses Abschnitts siehe Vorlesungen über *„Das Öffnen der Augen"*, Teil 2, Depesche Nr. 88 vom 12.11.2004

Was bedeutet *Verwirklichung der Buddhaschaft in diesem Leben* für den einzelnen Menschen?

2. Mit seinem Weg zur *Verwirklichung der Buddhaschaft in diesem Leben* ermöglicht uns der Daishonin, die unbegrenzte Kraft des Mystischen Gesetzes zur Grundlage unseres Lebens zu machen – d. h. ein stabiles und sicheres Leben zu führen, das uns mit Vertrauen und dem Mut zur Eigenständigkeit ausstattet. Das ist die Bedeutung des Prinzips der *Verwirklichung der Buddhaschaft in diesem Leben* für den einzelnen Menschen.

Im Buddhismus Nichiren Daishonins bedeutet die Verwirklichung der Erleuchtung nicht, sich auf eine unvorstellbar lange Reise zu begeben mit dem Ziel, ein prachtvoller, gottähnlicher Buddha zu werden. Es geht vielmehr darum, eine Wandlung in der Tiefe des eigenen Seins zu vollziehen. Diese revolutionäre Sichtweise von Erleuchtung veränderte die traditionelle Auffassung vom Sinn der buddhistischen Ausübung grundlegend.

Die Glaubensausübung zielt also nicht darauf ab, irgendwann in der fernen Zukunft den höchsten Gipfel der Erleuchtung zu erklimmen. Stattdessen geht es um einen stetigen inneren Kampf zwischen zwei gegensätzlichen Lebensrichtungen, der sich jeden Augenblick neu entscheiden kann: Bringen wir die uns eigene Dharmanatur zum Vorschein, oder lassen wir uns von unserer fundamentalen Dunkelheit und unseren Illusionen beherrschen? Die unermüdliche Bemühung, unser Leben zu polieren, ist die Essenz der buddhistischen Ausübung.

Nur wenn wir unsere innere Dunkelheit und unsere Negativität besiegen, können wir im Leben gewinnen und unser volles Potenzial entfalten. Das gleiche gilt für den Wunsch, wahre Erfüllung zu erfahren. In diesem Sinne möchte ich betonen, dass die Ausübung, die der Nichiren-Buddhismus zur *Verwirklichung der Buddhaschaft in diesem Leben* beschreibt, das einzige Mittel ist, um die Dunkelheit und Illusion als grundlegende Wurzel des Bösen im Menschen zu besiegen und stattdessen echte Unhabhängigkeit zu kultivieren, ein stabiles Selbst zu errichten sowie einen Lebenszustand grenzenlosen Glücks und inneren Friedens aufzubauen. Die *Verwirklichung der Buddhaschaft in diesem Leben* wird also für den einzelnen Menschen zum grundlegenden Lebensziel.

Was bedeutet *Verwirklichung der Buddhaschaft in diesem Leben* für die Gemeinschaft?

„Das [Lotos-Sutra] ist der König der Sutras, der direkte Weg zur Erleuchtung, denn es erklärt, dass das Wesen unseres Selbst, dem Gutes wie Böses entspringt, in der Tat das Wesen des Mystischen Gesetzes ist. Wenn Sie tiefen Glauben an diese Wahrheit besitzen und Myoho-Renge-Kyo chanten, ist es sicher, dass Sie die Buddhaschaft in diesem Leben verwirklichen. Deswegen lautet das Sutra: ‚Nach meinem Tode müsst Ihr dieses Sutra annehmen und beibehalten. Wer das tut, der wird den direkten Weg zur Buddhaschaft einschlagen.' Zweifeln Sie nicht im geringsten!" (DG 1, 45)

3. Das Prinzip der *Verwirklichung der Buddhaschaft in diesem Leben* ist meines Erachtens so bedeutsam, weil es für die Menschen eine Quelle der Hoffnung ist. Es bahnt einer Veränderung des Schicksals der gesamten Menschheit den Weg. Das ist die ganzheitliche oder universelle Bedeutung dieses Prinzips.

Zahlreiche führende Denker und Intellektuelle teilen die Ansicht, dass die moderne Zivilisation den Menschen aus dem Blick verloren hat und auf vielen Gebieten in eine Sackgasse geraten ist. Es lässt sich nicht leugnen, dass der Bereich der Spiritualität vernachlässigt wurde und allzu viele Menschen wie besessen sind von dem Wunsch nach Annehmlichkeiten, Bequemlichkeit und Spaß – lauter äußerlichen Dingen.

Wenn wir nicht die grundlegenden menschlichen Illusionen von Habgier, Ärger und Dummheit überwinden, werden wir die zahlreichen Probleme nicht lösen können, denen die Weltgemeinschaft sich heute stellen muss; dazu gehören Sorge um das Wirtschaftswachstum, eine inhumane Politik, internationale Konflikte, Kriege, die wachsende Kluft zwischen Arm und Reich und zunehmende Diskriminierung. Die Schlussfolgerung aus meinen Dialogen mit führenden Denkern ist, dass die einzig wahre Lösung für die Menschen darin liegt, sich selbst zu verändern; der einzige Ausweg ist tatsächlich die „menschliche Revolution".

Zudem ist es ohne korrektes Verständnis von Leben und Tod unmöglich, die innere Dunkelheit und Illusion auf der tiefsten Ebene zu besiegen. Ohne die Sichtweise des Mittleren Weges von Leben und Tod – eine Sichtweise, die die beiden extremen Lehren der Auslöschung wie auch der Ewigkeit verwirft[6] – kann man kein wahres und beständiges Glück erlangen.

6 Die Lehre der Auslöschung basiert auf der irrigen Annahme, dass das Leben mit der Geburt be-

Wenn man sich als Mensch verändern will, gibt es nur einen einzigen Weg: die innere Dunkelheit zu besiegen und die seit Ewigkeiten vorhandene Unverletzlichkeit und Würde im eigenen Leben wieder zu entdecken.

Wenn wir diese edle Geisteshaltung kultivieren, die allen Menschen ursprünglich zueigen ist, wird sich das Schicksal der Menschheit unmittelbar verändern. In dieser Überzeugung setzen wir Mitglieder der SGI uns für die Schaffung eines weltumspannenden Netzwerks des Guten ein.

Im Laufe dieser Vorlesung werde ich immer wieder auf die wachsenden Erwartungen und die breite Anerkennung eingehen, die unsere beispiellosen Bemühungen begleiten.

Am Ende seines Briefes sagt der Daishonin: „Zweifeln Sie nicht im geringsten!“ (DG 1, 45) Er fordert uns auf, vollkommen auf die Verwirklichung der Buddhaschaft in diesem Leben zu vertrauen. Seine Worte enthalten zugleich die Warnung: Wenn wir nicht einen starken Glauben beibehalten, verlieren wir schnell das wesentliche Ziel der Erleuchtung aus den Augen und stürzen in tiefe Dunkelheit und Illusion.

Im Grunde seines Herzens sehnt sich jeder Mensch nach Erleuchtung. Allerdings gibt es keine Lehre, die schwieriger zu glauben oder zu verstehen wäre als die, dass wir definitiv in unserem jetzigen Leben die Buddhaschaft erlangen können. Wir, die SGI-Mitglieder, stellen uns der Herausforderung, diese tiefgründige Lehre auszuüben und sie weithin mit anderen Menschen in Japan und der ganzen Welt zu teilen.

In der Welt von heute liefern wir, die mutigen Bodhisattvas aus der Erde, den großartigen Beweis dafür, dass die Menschheit tatsächlich das Potenzial besitzt, ihr Schicksal zu verändern. Voller Stolz auf unsere wertvollen Aufgaben sollten wir weiterhin freudig den Buddhismus des Daishonins mit seiner Lehre der Verwirklichung der Buddhaschaft in diesem Leben verbreiten, die es allen Menschen ermöglicht, unübertroffen glücklich zu werden. Gestalten wir unser Leben so wertvoll und erfüllt wie nur möglich!

ginnt und mit dem Tod endet. Nach dieser Sichtweise gibt es nur das gegenwärtige Leben, und der Tod stellt eine völlige Beendigung der Existenz sowohl auf körperlicher wie auf geistiger Ebene dar. Die Lehre der Ewigkeit ist die ebenfalls irrige Annahme, dass alles gegenwärtig Existierende beständig und unveränderlich ist. Diese Ansicht negiert das Gesetz der Kausalität, so dass weder die Ausübung des Guten noch die Ausübung des Bösen zu irgendeiner Veränderung des eigenen Zustands führt.

2.
Die Bedeutung des Chantens von Daimoku – Die korrekte buddhistische Ausübung führt uns zum größten Sieg im Leben

Das Chanten des Daimokus von Nam-Myoho-Renge-Kyo birgt unermesslichen Nutzen, denn es ermöglicht uns, aus unserem Leben die unbegrenzte Kraft des Mystischen Gesetzes hervorzuholen, des universellen Lebensgesetzes, das allem zugrunde liegt.

Nichiren Daishonin setzte sich ein, um mittels der grenzenlosen wohltuenden Kraft von Nam-Myoho-Renge-Kyo das Glück der gesamten Menschheit zu verwirklichen. Die philosophische Grundlage seiner Bestrebungen wird in aller Einfachheit und Prägnanz im ersten Abschnitt von *Über die Verwirklichung der Buddhaschaft in diesem Leben* dargelegt:

> *„Wenn Sie sich von den Leiden aus Geburt und Tod befreien wollen, die Sie seit aller Ewigkeit erduldet haben und die höchste Erleuchtung in diesem einen Leben erlangen wollen, müssen Sie zu der mystischen Wahrheit erwachen, die immer schon in Ihrem Leben [in allen Lebewesen] vorhanden war. Diese Wahrheit ist Myoho-Renge-Kyo. Das Chanten von Myoho-Renge-Kyo ermöglicht es Ihnen deshalb, die mystische Wahrheit in sich selbst zu erfassen.“* (DG 1, 43)

In diesem Abschnitt sind die tiefgründigen Prinzipien des Buddhismus und die Botschaft der religiösen Revolution enthalten, nach der alle Menschen die Erleuchtung erlangen können. Diese Revolution wurde von Buddha Shakyamuni begonnen und durch den Daishonin vollendet. Jedes Wort, jeder Satz dieses Abschnitts ist durchdrungen von der erhabenen Weisheit des Buddhismus.

„Sich von den Leiden aus Geburt und Tod befreien“ bezieht sich auf die grundlegenden Fragen der menschlichen Existenz und den ursprünglichen Zweck von Religion. „Die höchste Erleuchtung erlangen“ stellt die tiefgründige buddhistische Antwort auf diese Fragen dar. „Zu der mystischen Wahrheit erwachen, die immer schon in allen Lebewesen vorhanden war" ist eine noch präzisere und tiefere Antwort auf Grundlage der Lehren des Lotos-Sutras. Und „das Chanten von Myoho-Renge-Kyo" bezieht sich auf die Ausübung, die der Daishonin begründete, um allen Menschen zu ermöglichen, diese buddhistische Weisheit in die Tat umzusetzen. Die Einführung dieser Ausübung entspringt großem Mitgefühl, das Sehnsucht nach dem Glück aller Menschen bewirkt und auf den wahrhaft revolutionären Charakter des Nichiren-Buddhismus hinweist.

Der Brief in seiner Gesamtheit verdeutlicht, dass die vom Daishonin begründete Praxis des Chantens von Daimoku die korrekte und höchste buddhistische Ausübung darstellt.

Der erste Abschnitt des Briefes formuliert in der Tat kurz und bündig die tiefen Einsichten des Buddhismus, die sich in mehr als zwei Jahrtausenden herauskristallisiert haben. Er enthält das Mitgefühl und die Weisheit, um alle Menschen zur Erleuchtung zu führen, wie sie im Buddhismus des Daishonins zu finden ist.

Die heutige Vorlesung wird bestätigen, dass die vom Daishonin begründete Ausübung des Chantens von Daimoku die höchste Form der korrekten buddhistischen Praxis ist. Die Einführung dieser Methode bildet den Ausgangspunkt eines wirklichen „Volksbuddhismus", denn sie ermöglicht der gesamten Menschheit, den gleichen erleuchteten Zustand zu erlangen wie der Buddha.

Sich von den Leiden aus Geburt und Tod befreien und einen Zustand ewigen Glücks erreichen

> *„Wenn Sie sich von den Leiden aus Geburt und Tod befreien wollen, die Sie seit aller Ewigkeit erduldet haben und die höchste Erleuchtung in diesem einen Leben erlangen wollen, müssen Sie zu der mystischen Wahrheit erwachen, die immer schon in Ihrem Leben [in allen Lebewesen] vorhanden war. Diese Wahrheit ist Myoho-Renge-Kyo. Das Chanten von Myoho-Renge-Kyo ermöglicht es Ihnen deshalb, die mystische Wahrheit in sich selbst zu erfassen."* (DG 1, 43)

Untersuchen wir zunächst die tiefe Bedeutung des ersten Satzes: „Wenn Sie sich von den Leiden aus Geburt und Tod befreien wollen, die Sie seit aller Ewigkeit erduldet haben und die höchste Erleuchtung in diesem einen Leben erlangen wollen, müssen Sie zu der mystischen Wahrheit erwachen, die immer schon in allen Lebewesen vorhanden war."

Mit den „Leiden aus Geburt und Tod, die Sie seit aller Ewigkeit erduldet haben" bezieht sich der Daishonin auf das Konzept der Wiedergeburt, demzufolge alle Lebewesen einem unaufhörlichen, leidvollen Kreislauf von Geburt und Tod unterworfen sind, der sich aus der unendlichen Vergangenheit bis in die unendliche Zukunft erstreckt. Der Buddhismus geht davon aus, dass dieser endlose Kreislauf des Leidens seinen Ursprung in den irdischen Begierden habe und ein Negativkreislauf aus irdischen Begierden, Karma und Leid wesentlicher Bestandteil der Wiedergeburt sei. Insofern sind „die Leiden aus Geburt und Tod, die Sie seit aller Ewigkeit erduldet haben" auch eine unendliche Abfolge von Illusion und Leid.

Weil der Gedanke an eine derart endlose Folge von Wiedergeburten letztlich unerträglich ist, entwickelten die Menschen den verständlichen Wunsch, diesen leidvollen Kreislauf von Geburt und Tod zu beenden und sich von den Ketten der Illusion und des Leidens zu befreien.

Der Buddhismus kennt zwei verschiedene Ansätze der Befreiung aus diesem leidvollen Kreislauf. Der ersten Auffassung nach erfolgt die Befreiung durch Auslöschung der irdischen Begierden, die eine Wiedergeburt innerhalb des karmischen Bereichs verursachen. Die zweite Ansicht ist der Ansatz des Mahayana. Hiernach ist die Essenz des Lebens, die über Leben und Tod hinaus fortbesteht und der Wiedergeburt unterliegt, nicht als vorläufiges, unbeständiges Phänomen zu verstehen. So zum Beispiel erläutern die Mahayana-Lehren ein Konzept, nach dem man den Kreislauf von Geburt und Tod in Übereinstimmung mit seinem Schwur als Bodhisattva durchläuft, alle Lebewesen zur Erleuchtung zu führen. Oder aber Geburt und Tod selbst werden als Kreislauf betrachtet: Alles geht aus dem grundlegenden, allumfassenden kosmischen Leben hervor und kehrt auch wieder dorthin zurück. Die zweite Sichtweise lässt sich durch eine Metapher leicht nachvollziehen: die Wellen des Meeres. Geburt ist wie eine Welle, die sich auf der Oberfläche des Ozeans – dem universellen Leben – herausbildet, während der Tod einer Welle entspricht, die wieder in diesen Ozean zurückströmt. Wenn wir ein solches Verständnis von der Essenz unseres eigenen Lebens entwickeln, das den Kreislauf von Geburt und Tod durchläuft, erlangen wir damit bereits „die höchste Erleuchtung", den höchsten Bewusstseinszustand des Buddhas.

Die mystische Wahrheit umfasst alle Dinge und wohnt allem inne

„Zur mystischen Wahrheit erwachen, die immer schon in allen Lebewesen vorhanden war" ist in diesem Abschnitt gleichbedeutend mit „die höchste Erleuchtung erlangen". Die Weisheit, diese allem universellen Leben innewohnende Wahrheit zu begreifen, entspricht der höchsten Erleuchtung des Buddhas.

In einem Punkt weicht der Buddhismus grundlegend von der bis dahin vorherrschenden Denkweise und Religion ab: Er enthüllt das „Gesetz" bzw. eine grenzenlose innere Kraft im Leben jedes einzelnen Menschen, mithilfe derer man alles Leid auf einer fundamentalen Ebene überwinden kann. Ein Buddha ist jemand, der durch dieses Gesetz die letztendliche Weisheit erlangt hat, dem Leid ein grundsätzliches Ende zu bereiten und stattdessen unerschütterliches Glück aufzubauen.

Der Buddhismus ist eine unvergleichlich humanistische Lehre, die an das unbegrenzte Potenzial aller Menschen glaubt. Deshalb bezeichnet man ihn auch als „inneren Weg".

„Zur mystischen Wahrheit erwachen, die immer schon in Ihrem Leben [in allen Lebewesen] vorhanden war" heißt, „die höchste Erleuchtung erlangen" und ist das alleinige Mittel, um sich selbst „von den Leiden aus Geburt und Tod (...), die Sie seit aller Ewigkeit erduldet haben" zu befreien. Das ist Shakyamunis Ausgangspunkt und die Schlussfolgerung buddhistischen Denkens. Die Schrift, die diese Philosophie des „inneren Weges" verkündet, ist das Lotos-Sutra, nach dem alle Menschen die Erleuchtung erlangen können. Man kann sagen, dass das Lotos-Sutra Ausdruck des höchsten Respekts vor der Würde und Unantastbarkeit des menschlichen Lebens ist.

In diesem Schreiben sagt der Daishonin, dass die mystische Wahrheit, die immer schon in allen Lebewesen vorhanden war, dem Prinzip entspricht, nach dem „das Leben [ein einziger Lebensmoment] und alle Phänomene sich gegenseitig beinhalten". Dieses Prinzip beschreibt die unergründliche Beziehung, die zwischen uns selbst – d. h. unserem Herzen oder jedem einzelnen Lebensmoment – und dem Universum besteht; es bedeutet, dass alle Phänomene in unserem Leben enthalten sind und gleichzeitig unser Leben alle Phänomene durchdringt. Dieses Prinzip enthält zweifellos die gleiche Aussage wie das „Prinzip des Enthaltenseins und Durchdringens"[1] von Nichikan Shonin (1665–

1 In seinen Schriften in sechs Bänden kommentiert Nichikan Shonin die Worte Tiantais „Die Dreitausend Bereiche existieren in jedem Augenblick des Lebens" wie folgt: „Die Absicht dieses Sutras

1726; maßgeblicher Bewahrer des Buddhismus Nichiren Daishonins), das die Lehre der *Dreitausend Bereiche in einem einzigen Lebensmoment* beschreibt.

Das kosmische Leben umfasst und durchdringt alles. Und daher ist es gleichzeitig auch in allem enthalten. Die Einheit des kosmischen Lebens und unseres individuellen Lebens liegt dem Prinzip zugrunde, nach dem „das Leben [ein einziger Lebensmoment] und alle Phänomene sich gegenseitig beinhalten". Zu dieser mystischen Wahrheit zu erwachen heißt, des Buddhas „höchste Erleuchtung erlangen".

Ein Name für die mystische Wahrheit

Die entscheidende Frage ist, wie man alle Menschen diese „mystische Wahrheit, die immer schon in allen Lebewesen vorhanden war", erkennen lassen kann. Der Buddhismus wird solange nicht allgemein zugänglich sein, wie nur wenige Menschen in der Lage sind, dem Weg zum Verständnis der mystischen Wahrheit zu folgen. Vor Nichiren Daishonin hatte sich bereits der Große Chinesische Lehrer Tiantai um eine Ausübung bemüht, die durch Kontemplation und Meditation über das Gesetz zur Erkenntnis dieser mystischen Wahrheit führen sollte. Doch diese Methode war für die Menschen im Späten Tag des Gesetzes schwer zugänglich.

Der erste Schritt des Daishonins, um den Weg zur universellen Erleuchtung für alle zu öffnen, bestand darin, der mystischen Wahrheit einen Namen zu geben. Für die allem kosmischen Leben innewohnende mystische Wahrheit gab es ursprünglich keine Bezeichnung. Doch wie der Daishonin in *Das Wesen des Mystischen Gesetzes* erklärt, konnte ein Weiser, der zu dieser Wahrheit in seinem eigenen Leben erwacht war, ihr einen angemessenen Namen verleihen. (WND, 421)[2] Namensfindung ist ein kreativer Prozess. Einer Sache einen Namen

[des Lotos-Sutras] ist die Offenlegung des ‚Prinzips des Enthaltenseins und Durchdringens'. Dieses Prinzip besagt, dass alle Phänomene in einem einzigen Lebensmoment enthalten sind und dass gleichzeitig ein einziger Lebensmoment alle Phänomene durchdringt."

2 Der Daishonin schreibt: „Dieser erläuternde Abschnitt bedeutet, dass das höchste Prinzip [d. h. das Mystische Gesetz] ursprünglich keinen Namen hatte. Als der Weise das Prinzip beobachtete und allen Dingen Namen gab, erkannte er die Existenz dieses wunderbaren, einzigartigen Gesetzes [Myoho], das gleichzeitig sowohl Ursache als auch Wirkung [Renge] in sich birgt, und nannte es Myoho-Renge. Dieses einzigartige Gesetz namens Myoho-Renge umschließt alle Phänomene einschließlich der Zehn Welten und Dreitausend Bereiche, und existiert in jedem einzelnen von ihnen. Jeder, der dieses Gesetz ausübt, wird gleichzeitig sowohl Ursache als auch Wirkung der Buddhaschaft erlangen." (WND, 421)

zu geben, der ihren wesentlichen Aspekt erfasst, hat zur Folge, dass dieser wesentliche Aspekt allen Menschen zugänglich wird, und sie an dem Wert dieser Sache teilhaben können.

In dem Abschnitt „ (...) [die] mystische Wahrheit (...), die immer schon in Ihrem Leben [in allen Lebewesen] vorhanden war (...), ist Myoho-Renge-Kyo" aus *Über die Verwirklichung der Buddhaschaft in diesem Leben* stellt der Daishonin klar, dass diese mystische Wahrheit, das grundlegende universelle Gesetz, nichts anderes als Myoho-Renge-Kyo ist. Genau genommen existierte der Begriff Myoho-Renge-Kyo bereits vorher, nämlich als Titel des Lotos-Sutras. Doch niemand außer dem Daishonin hatte in Myoho-Renge-Kyo den Namen des Prinzips *Wahres Wesen aller Phänomene*[3] erkannt, welches das Lotos-Sutra als tiefe Weisheit aller Buddhas lehrt. Und obwohl das Kapitel Lebensspanne (16. Kapitel) des Lotos-Sutras das Leben des ewigen Buddhas aus der Perspektive Shakyamunis erläutert, war Nichiren Daishonin der erste, der die Essenz des ewigen Lebens des Buddhas – das „Herz des Kapitels *Lebensspanne*" als Myoho-Renge-Kyo offenbarte. (vgl. DG 1, 236)

Seit seiner Erleuchtung in der entfernten Vergangenheit durchläuft der ewige Buddha immer wieder als Buddha den Kreislauf von Geburt und Tod, während er verschiedene äußere Formen annimmt und in den zehn Welten erscheint, um alle Lebewesen zu retten. Das Kapitel *Lebensspanne* offenbart, dass sowohl die Lebewesen der zehn Welten (einschließlich der Buddhas) als auch Geburt und Tod allesamt Manifestationen des großen, ewigen kosmischen Lebens sind. Weil der Daishonin Myoho-Renge-Kyo als „Herz des Kapitels Lebensspanne" bezeichnet, können wir daraus schließen, dass Myoho-Renge-Kyo der Name des großen, ewigen, universellen Lebens ist, das im Kapitel *Lebensspanne* enthüllt wird.

Die Lebewesen der neun Welten, die dem ständigen Kreislauf von Geburt und Tod unterliegen, folgen gleichzeitig auch dem Rhythmus von Geburt und

3 *Wahres Wesen aller Phänomene*: höchste Wahrheit bzw. Wirklichkeit, die alle Phänomene durchdringt und keinesfalls getrennt von ihnen existiert; Prinzip aus dem *Hilfsmittel*-Kapitel (2. Kapitel) des Lotos-Sutras. In seiner Schrift mit dem Titel *Das Wahre Wesen des Lebens* definierte Nichiren „alle Phänomene" als alle Lebewesen und deren Umgebung in einer der zehn Welten, und „das Wahre Wesen" als Gesetz von Myoho-Renge-Kyo, der letztendlichen Wahrheit, die alle Lebewesen und deren Umgebung in jeder der zehn Welten durchdringt. Alle Phänomene, so sagt er, sind Manifestationen dieses universellen Gesetzes; die Phänomene und die letztendliche Wahrheit sind untrennbar miteinander verbunden; es existiert keine Dualität zwischen beiden. Das Kapitel *Hilfsmittel* erläutert, dass in Wahrheit alle Menschen in ihrem Inneren das Potenzial der Buddhaschaft besitzen sowie in der Lage sind, aus diesem Potenzial zu schöpfen und es nach außen hin sichtbar zu machen.

Tod, bei dem sie aus dem großen ewigen Leben von Myoho-Renge-Kyo hervortreten und schließlich wieder darin eintauchen. Sie werden von Myoho-Renge-Kyo umfasst und gleichermaßen tragen sie Myoho-Renge-Kyo in sich. Darum ist Myoho-Renge-Kyo der Name der „mystischen Wahrheit, die immer schon in allen Lebewesen vorhanden war".

Der Daishonin stellte als Erster fest, dass Myoho-Renge-Kyo der Name ist, den man im Späten Tag des Gesetzes als Daimoku chanten und verbreiten muss.

Die Einführung des Chantens von Daimoku zum Erkennen der mystischen Wahrheit: Begründung des Buddhismus der Menschen

„Myoho-Renge-Kyo [Das Lotos-Sutra] ist der König der Sutras, makellos in Wort und Prinzip. Seine Worte sind die Wirklichkeit des Lebens, und die Wirklichkeit des Lebens ist das Mystische Gesetz (myoho). Es wird das Mystische Gesetz genannt, weil es erklärt, dass das Leben und alle Phänomene sich gegenseitig beinhalten. Aus diesem Grunde ist dieses Sutra die Weisheit aller Buddhas.
Das Leben umschließt in jedem einzelnen Augenblick Körper wie Geist, Selbst und Umgebung aller fühlenden Wesen in jedem Zustand des Lebens, ebenso wie die aller nichtfühlenden Wesen, Pflanzen, Himmel und Erde, bis hin zum winzigsten Staubkörnchen. Leben durchdringt in jedem Augenblick das ganze Universum und zeigt sich durch alle Phänomene. Wer zu dieser Wahrheit erwacht ist, verkörpert diese Beziehung in sich."
(DG 1, 43)

Der nächste Schritt des Daishonins war die Einführung des Chantens von Daimoku. Vor Myoho-Renge-Kyo, den Ausdruck der universellen Wahrheit, setzte er das Wort ‚Nam' (eine phonetische Abwandlung von Namu) und begründete eine Ausübung zur Anrufung dieser Wahrheit. „Nam" bedeutet „sein Leben widmen". Mit lauter Stimme Nam-Myoho-Renge-Kyo zu chanten ist Ausdruck der Entschlossenheit und des Versprechens, das eigene Leben mit Gedanken, Worten und Taten der Wahrheit von Myoho-Renge-Kyo zu widmen.

Gleichzeitig ermöglicht das Chanten von Daimoku jedem einzelnen Menschen, sein Leben auf der Grundlage der universell gültigen Wahrheit von Myoho-Renge-Kyo zu führen. Der wesentliche Punkt beim Chanten im Buddhismus Nichiren Daishonins ist nicht, einfach den Namen einer „äußeren Wahrheit" zu intonieren. Das Chanten von Daimoku ist vielmehr eine Ausübung, mit der man die „innere Wahrheit" hervorruft, die das Universum und unser Selbst durchdringt, um ein Leben in Übereinstimmung mit dieser Wahrheit zu führen. Man könnte diese Ausübung als Prozess beschreiben, durch den man ein Selbst entwickelt, das aus seinem Inneren die „mystische Wahrheit, die immer schon in allen Lebewesen vorhanden war", hervorholt und aktiviert.

Wie die Geschichte des Buddhismus zeigt, verloren die Menschen mit der Zeit aus dem Blick, dass die mystische Wahrheit innerhalb ihres eigenen Lebens existiert, obwohl das Lotos-Sutra stets lehrte, dass man die Augen für diese mystische Wahrheit öffnen sollte. Vor diesem Hintergrund führte Tiantai eine meditative Ausübung ein, deren Grundlage die Prinzipien *Dreitausend Bereiche in einem einzigen Lebensmoment* und das *Gegenseitige Enthaltensein eines einzelnen Lebensmoments und aller Phänomene* bildete. Hierdurch wollte er den Menschen den Zugang zur Welt der Buddhaschaft ermöglichen. Tiantais Meditationsform der „Betrachtung des Herzens" ist als angemessene Ausübung zu sehen, die den korrekten Weg des Lotos-Sutras bewahrte.

Damit alle Menschen die „mystische Wahrheit, die immer schon in allen Lebewesen vorhanden war" erkennen und umsetzen konnten, gab Nichiren Daishonin dieser Wahrheit den Namen Myoho-Renge-Kyo und begründete die Ausübung der Anrufung dieses Namens – das Chanten von Daimoku. Damit fand er ein Mittel, durch das alle Menschen ihr Leben auf Grundlage der mystischen Wahrheit führen und es ihr widmen können.

Auf diese Art begründete der Daishonin für alle Menschen einen Weg zu der Erkenntnis, dass die universelle Wahrheit des Lebens auch in ihrem eigenen Leben existiert und sie diese Wahrheit in ihrem Leben sichtbar machen können. Diese Wahrheit ist die erleuchtete Weisheit aller Buddhas und wird in ihrer Gesamtheit im Lotos-Sutra, der höchsten buddhistischen Lehre, offenbart. Wenn wir sie zu unserer Grundlage machen, können wir ein gänzlich wertvolles Leben führen. Der Buddhismus des Daishonins machte diese Sphäre des Glaubens allen Menschen zugänglich, unabhängig von ihrem Hintergrund, an jedem Ort, zu jeder Zeit. Man kann ohne Übertreibung sagen, dass erst das Chanten von Daimoku im Nichiren-Buddhismus die Entstehung eines „Volksbuddhismus" möglich machte. Das Chanten von Nam-Myoho-Renge-Kyo ist in der Tat die höchste buddhistische Ausübung, die es uns ermöglicht, unser Leben grundlegend zu verändern.

Daimoku zu chanten bedeutet auch, die uns innewohnende Buddhaschaft hervorzurufen[4]. Das Chanten ist der direkte Weg zu diesem höchsten

4 Der Daishonin schreibt: „Sobald wir daher Myoho-Renge-Kyo chanten, rufen wir alleine mit die-

Lebenszustand. Weisheit und Mitgefühl des Buddhas sind Qualitäten, die durch das Chanten erscheinen, unser Leben bereichern und uns selbst und anderen Glück bringen. Wenn außerdem immer mehr Leute Daimoku für das eigene Glück und das Glück anderer chanten, wird es möglich, ein engagiertes Bündnis von Menschen zu schmieden, in deren Leben die Weisheit des Buddhas erstrahlt. Dann können wir am Ende sogar das Schicksal der gesamten Menschheit verändern.

Es lebe der Buddhismus der Sonne!

Bei der Untersuchung der wahren Bedeutung von Nam-Myoho-Renge-Kyo ist auch zu bedenken, dass dies zugleich der Name des Buddhas im Späten Tag des Gesetzes ist – der Name Nichiren Daishonins. Der Name Nam-Myoho-Renge-Kyo und das Leben des ursprünglichen Buddhas sind untrennbar miteinander verbunden. Man könnte sagen, dass erst der Daishonin die grundlegende Wahrheit von Myoho-Renge-Kyo, die Leben und Universum durchdringt, aufzeigte, indem er sie selbst ausübte und durch sein Verhalten bekräftigte. Er verlieh dem Gesetz, dass die Menschen bislang nicht erkennen konnten, konkret Ausdruck.

Nichiren Daishonin als Buddha des Späten Tages widmet sein Leben einzig der Bekämpfung des Bösen und der Überwindung der Unwissenheit. Der Kampf, die Menschen von allem Unglück und Leid dieser Welt zu befreien, von allem Karma und den Leiden aus Geburt, Alter, Krankheit und Tod, führt unweigerlich zur Auseinandersetzung mit der fundamentalen Dunkelheit bzw. Unwissenheit, aus der alles Böse und Leid entsteht.

Das Daimoku von Nam-Myoho-Renge-Kyo, das der Daishonin für sein eigenes Glück und das Glück anderer auf das Ziel von Kosen-rufu hin chantet, „vertreibt die Wolken der Unwissenheit". (GZ, 414) Damit sagt Nichiren Daishonin, dass Daimoku tatsächlich die Kraft besitzt, die Dunkelheit zu verbannen. Wenn wir Nam-Myoho-Renge-Kyo chanten, geht die Sonne der Buddhaschaft in unserem Herzen auf. Unwissenheit und Illusion, die wie schwere Regenwolken

sem Klang die Buddhanatur aller Buddhas hervor und machen sie sichtbar; die Buddhanatur aller Existenzen; aller Bodhisattvas; aller Shravakas; aller Gottheiten wie Brahma, Shakra und König Yama; der Sonne, des Mondes und der Myriaden von Sternen; der himmlischen und irdischen Götter; bis hin zur Buddhaschaft derjenigen, die in der Hölle weilen, hungriger Geister, Tiere, Asuras, menschlicher und himmlischer Wesen und aller anderen Lebewesen. Diese Wohltat ist unermesslich und grenzenlos." (WND, 887) diese Sonne verdunkelt haben, werden fortgeblasen. Wenn die Sonne der Buddhaschaft in unserem Leben zu scheinen beginnt, weicht die durch Unwissenheit verursachte Dunkelheit.

Nach der Lehre des Nichiren-Buddhismus kann nicht nur der Daishonin wie eine Sonne erstrahlen; diese Lehre ermöglicht vielmehr jedem Einzelnen, wie Nichiren Daishonin die Sonne in seinem Leben aufgehen zu lassen. Wir können uns wirklich glücklich schätzen, dass wir den gleichen strahlenden Lebenszustand der Buddhaschaft hervorbringen können wie der Daishonin.

In diesem Zusammenhang schreibt Nichikan Shonin: „Sobald jemand diesen Gohonzon annimmt, daran glaubt und Nam-Myoho-Renge-Kyo chantet, wird sein eigenes Leben auf der Stelle zum Objekt der Verehrung der Dreitausend Bereiche in einem einzigen Lebensmoment. Es wird zum Leben Nichiren Daishonins."[5] Das Chanten von Daimoku ist wirklich die erhabenste Ausübung auf dem Weg zur Buddhaschaft, durch die jeder Mensch selbst zu einer strahlenden Sonne werden kann.

Der russische Dichter Alexander Puschkin (1799–1837) schreibt:

„O heilige Sonne, erstrahl!
Gleichwie in des Morgenrots Lichte
Matt flackert die Lampe und fahl –
Wird Afterweisheit[6] *zunichte,*
Wenn das Licht der Vernunft sich entfacht,
Es lebe die Sonne, es schwinde die Nacht!"[7]

Der Nichiren-Buddhismus ist der Buddhismus der Sonne. Er öffnet der gesamten Menschheit den Weg zum höchsten Sieg im Leben. Mit den Worten „Es lebe die Sonne!" als Ansporn wollen wir dynamisch den Kampf fortführen, die Dunkelheit der Unwissenheit aus den Herzen der Menschen zu vertreiben.

5 Kommentar zu *Das Objekt der Verehrung zur Betrachtung des Herzens* [*Das Wahre Objekt der Verehrung*], in *Hichikan Shonin Mondanshu* (*Die Kommentare Nichikan Shonins*) (Tokio: Seikyo Shimbunsha, 1980), S. 548

6 A. d. Ü.: veraltet für Pseudo-, Scheinweisheit (Quelle: Duden)

7 Alexander Sergejewitsch Puschkin, *Gedichte Poeme Eugen Onegin, Bacchisches Lied*, übersetzt von F. Fiedler (Hrsg. W. Neustadt, SWA Verlag Berlin, 1947)

3.
„Wenn Sie denken, das Gesetz liege außerhalb Ihrer selbst, nehmen Sie nicht das Mystische Gesetz an“

Nam-Myoho-Renge-Kyo zu rezitieren heißt, mit dem Mystischen Gesetz Verbindung aufzunehmen. Die Ausübung des Chantens lässt unser Leben mit dem Mystischen Gesetz verschmelzen. Gleichzeitig ist Chanten ein Kampf gegen die innere Dunkelheit, die diese Verschmelzung behindert. Wenn wir diese Dunkelheit der Illusion und Unwissenheit mithilfe des Glaubens durchbrechen und eins mit dem Mystischen Gesetz werden, kann sich die grenzenlose Kraft dieses großartigen Gesetzes in unserem Leben entfalten. Das ist der unermessliche Nutzen des Chantens von Nam-Myoho-Renge-Kyo.

Kernpunkt der von Nichiren Daishonin eingeführten und verbreiteten Ausübung ist, mit einer suchenden Haltung im Glauben Nam-Myoho-Renge-Kyo zu chanten. „Allein der Glaube ist es, worauf es wirklich ankommt“ (DG 1, 57), betont der Daishonin. Beim Chanten sollten wir deshalb zu allererst um einen mutigen Glauben ringen, mit dem wir alle Illusionen überwinden können, ohne uns dabei von den drei Hindernissen und vier Teufeln besiegen zu lassen.

Ursache und Wirkung der Verwirklichung der Buddhaschaft als Kernpunkt und innerstes Wesen unseres Lebens

Myoho-Renge-Kyo ist der Name der höchsten mystischen Wahrheit, während Nam-Myoho-Renge-Kyo den Lebenszustand der Buddhas bezeichnet, die diese Wahrheit in sich verkörpern und offenbaren. Wenn wir also mit einer suchenden Haltung im Glauben Nam-Myoho-Renge-Kyo chanten, entfalten sich die grenzenlosen Wohltaten von Myoho-Renge-Kyo in unserem Leben, d. h. wir bringen die Welt der Buddhaschaft zum Vorschein.

Hierbei wird das Prinzip von *Ursache und Wirkung in einem einzigen Lebensmoment*[1] wirksam: Glaube ist die Ursache, während das Öffnen des Buddhazustandes die Wirkung darstellt. Wenn wir sowohl in Zeiten des Leids wie auch in Zeiten der Freude immer weiter Nam-Myoho-Renge-Kyo chanten und uns gleichzeitig für unser eigenes Glück und das Glück anderer Menschen einsetzen, machen wir damit Ursache und Wirkung der Verwirklichung der Buddhaschaft zum Kernpunkt und innerstem Wesen unseres eigenen Lebens – und beide sind in der Ausübung des Chantens bereits enthalten. Wenn wir so leben, zeigt sich der unerschütterliche Lebenszustand der Buddhaschaft in unserem Inneren. Das ist gemeint mit *Verwirklichung der Buddhaschaft in diesem Leben*.

In seiner Abhandlung *Das Objekt der Verehrung zur Betrachtung des Herzens* [*Das Wahre Objekt der Verehrung*] sagt der Daishonin: „Das erleuchtete Leben Shakyamunis ist unser eigenes Fleisch und Blut. Seine Ausübungen und die dadurch erlangten Eigenschaften sind unsere Knochen und unser Mark." (DG 1, 228) Myoho-Renge-Kyo anzunehmen ist bereits Erleuchtung[2], erklärt der Daishonin. Mit der Kraft des Chantens können wir Ursache und Wirkung in einem einzigen Lebensmoment erfahren – d. h. der Glaube (Ursache) führt zum Öffnen der Buddhaschaft (Wirkung).

So gesehen ist unsere Stimme, die Daimoku rezitiert, Ausdruck unseres unerschütterlichen Glaubens und suchenden Geistes. Sie beseitigt die innere Dunkelheit von Unwissenheit und Illusion und fegt alle Hindernisse und teuflischen Funktionen hinweg. Zudem gleicht unsere Stimme dem mutigen Brüllen des Löwen – direkt aus unserer Buddhaschaft heraus, die wir als Wirkung unseres Daimokus öffnen konnten.

Das Chanten von Nam-Myoho-Renge-Kyo ist nicht nur die „Stimme des Glaubens" gewöhnlicher Menschen, sondern es ist auch die „Stimme der Buddhaschaft". Wir sollten daher stets versuchen, mit klangvoller Stimme und

1 *Ursache und Wirkung in einem einzigen Lebensmoment*: Dieses Prinzip lehrt, dass Ursache und Wirkung zur Verwirklichung der Buddhaschaft in jedem Augenblick in allen Menschen vorhanden sind. Der Glaube an das Mystische Gesetz und seine Ausübung bilden die Ursache, die uns augenblicklich dazu befähigt, die Buddhaschaft zu erlangen und die unserem Leben innewohnenden Tugenden der Welt der Buddhaschaft hervorzubringen (Wirkung).

2 Myoho-Renge-Kyo anzunehmen ist bereits Erleuchtung: Das Mystische Gesetz ist das grundlegende Gesetz, durch das alle Buddhas der drei Existenzen die Erleuchtung erlangen konnten. Nichiren Daishonin erkannte dieses Gesetz in seinem eigenen Leben und gab ihm die konkrete Form des Gohonzons, dem Objekt vollkommener Widmung. An diesen Gohonzon zu glauben und Nam-Myoho-Renge-Kyo zu chanten ist die Ausübung der Betrachtung des eigenen Herzens, um durch die Erkenntnis des Mystischen Gesetzes im eigenen Leben die Buddhaschaft zu erlangen. Dies entspricht dem Prinzip *Den Gohonzon anzunehmen ist gleichbedeutend mit der Erlangung der Erleuchtung*.

dem dynamischen, kraftvollen Rhythmus eines galoppierendes Pferdes Daimoku zu chanten.

Das Chanten von Daimoku dient auch der Bekräftigung, dass wir selbst in unserem Inneren Wesenheiten des Mystischen Gesetzes sind. Es ist ein Kampf um die Rückkehr zu unserem wahren, ursprünglichen Selbst, ein Kampf um die Nutzung der immensen Lebenskraft, über die wir seit der Zeit ohne Anfang verfügen.

Der Daishonin erklärt: „Es gibt kein größeres Glück für die Menschen als Nam-Myoho-Renge-Kyo zu chanten." (DG 1, 23) Dieses Glück, sagt er, ist die „grenzenlose Freude des Gesetzes"[3]. Die Worte „Freude des Gesetzes" beschreiben das unerschütterliche Glück und den inneren Frieden, die Bestandteil des Lebens bzw. der gesamten Existenz sind. Diese Freude zu erfahren heißt, die unbegrenzte Lebenskraft, die eins ist mit dem Mystischen Gesetz, vollkommen auszukosten und zu genießen. Nach Aussage des Daishonins gibt es nur eine Möglichkeit, die Freude des Mystischen Gesetzes zu erfahren: das Chanten von Nam-Myoho-Renge-Kyo.

Das Mystische Gesetz und die unvollständigen Lehren

Trotz allem, selbst wenn Sie Myoho-Renge-Kyo chanten und daran glauben, und doch gleichzeitig denken, dass das Gesetz außerhalb Ihrer selbst liegt, dann nehmen Sie nicht das Mystische Gesetz an, sondern eine unterlegene Lehre. „Unterlegene Lehre" heißt alle anderen Sutras außer diesem, die alle nur vorübergehend und vorläufig sind. Keine vorläufige Lehre führt direkt zur Erleuchtung, und ohne den direkten Weg zur Erleuchtung können Sie nicht die Buddhaschaft verwirklichen, selbst wenn Sie für zahllose Äonen Leben um Leben praktizieren. Dann ist die Verwirklichung der Buddhaschaft in diesem Leben unmöglich! Wenn Sie also das Mystische Gesetz chanten[4] *und das Lotos-Sutra rezitieren, dann müssen Sie die tiefe Überzeugung aufbringen, dass Myoho-Renge-Kyo Ihr Leben selbst ist.*
(DG 1, 43)

3 Grenzenlose Freude des Gesetzes: bezieht sich auf die Wohltaten, die man durch den Glauben an das Mystische Gesetz erfährt. Die Worte beschreiben den erleuchteten Zustand eines Buddhas. In seiner Schrift *Glück in dieser Welt* sagt der Daishonin: „Es gibt kein größeres Glück für die Menschen als Nam-Myoho-Renge-Kyo zu chanten. Das Sutra sagt: ‚Die Menschen dort (in meinem Land) sind glücklich und fühlen sich wohl.' (LS 16, 230) „‚Glücklich sein und sich wohlfühlen' bedeutet hier die Freude, die aus dem Gesetz kommt." (DG 1, 23)

Daimoku hat eine tiefe Bedeutung. Vor diesem Hintergrund sollten wir uns beim Chanten stets klar machen, dass Myoho-Renge-Kyo unser Leben selbst ist. Sobald wir diesen Punkt außer Acht lassen, können wir noch soviel Daimoku chanten – wir werden uns schließlich von der Art des Chantens entfernen, die Nichiren Daishonin lehrte.

Aus diesem Grund warnt der Daishonin uns in *Über die Verwirklichung der Buddhaschaft in diesem Leben*: „Trotz allem, selbst wenn Sie Myoho-Renge-Kyo chanten und daran glauben, und doch gleichzeitig denken, dass das Gesetz außerhalb Ihrer selbst liegt, dann nehmen Sie nicht das Mystische Gesetz an, sondern eine unterlegene Lehre." (DG 1, 43) „Unterlegen" bedeutet in diesem Zusammenhang „unvollständig". Das Mystische Gesetz ist die letztendliche Wahrheit, die vollkommen und umfassend ist. Im Gegensatz dazu vermittelt eine unvollständige Lehre nur einen Teilaspekt dieser Wahrheit.

Die obige Textstelle enthält eine tiefgründige Philosophie – mit ihr lassen sich gefährliche Fallstricke umgehen, in die sich eine Religion gerne verfängt. Sie bildet auch eine wichtige Glaubensgrundlage, mittels derer man echtes Glück erlangen kann.

Als Religion bezeichnet man im Allgemeinen jenes universelle Bestreben, den Menschen mit dem Unendlichen, Absoluten und Göttlichen zu verbinden. Das ist zwar in mancher Hinsicht richtig, doch es scheint, dass viele Religionen schon von vorneherein eine Trennung zwischen dem Weltlichen und dem Göttlichen vornehmen – sowie zwischen den Menschen und den Göttern oder Buddhas. Und dann streben sie danach, diese Kluft wieder zu überbrücken.

Der Daishonin betrachtet jedoch Lehren dieser Art, die das Absolute oder Göttliche als getrennt vom Menschen sehen, als unvollständig. Er zitiert als Beispiel dafür die vorläufigen Lehren vor dem Lotos-Sutra, wie sie von Shakyamuni verkündet wurden. Diese Lehren vermitteln nicht die Prinzipien bzw. die Ausübung, die gewöhnliche Menschen befähigt, in diesem Leben die Buddhaschaft zu erlangen. Sie erläutern vielmehr, dass erst zahllose Kalpas strenger Ausübung zu meistern sind, bevor die Erleuchtung erreicht werden kann.

In den vorläufigen, dem Lotos-Sutra vorangehenden Lehren besteht eine schier unüberwindbare Kluft zwischen einem Buddha und einem gewöhnlichen Menschen. Nur eine Handvoll herausragender Ausübender darf den Versuch wagen, das Ziel der Erleuchtung anzustreben – und auch das nur nach

4 Das Mystische Gesetz chanten: das Daimoku des Mystischen Gesetzes (Nam-Myoho-Renge-Kyo) chanten.

strengen, unzählige Kalpas lang ertragenen Entbehrungen. Außerdem ist es diesen Lehren zufolge undenkbar, dass jemand, der bereits ein Buddha geworden ist, wieder die Form eines gewöhnlichen Sterblichen annimmt. In der Regel hat die Welt, in der sich die Buddhas aufhalten, nichts gemein mit der konfliktreichen Saha-Welt, wo gewöhnliche Sterbliche beheimatet sind. Buddhas und gewöhnliche Menschen sind vollkommen getrennt voneinander. Solange aber diese Kluft zwischen der Welt der Buddhaschaft und den anderen neun Welten (dem Aufenthaltsort gewöhnlicher Sterblicher) existiert, besteht tatsächlich keine Chance zur Erlangung der Erleuchtung für alle Menschen. Dieser Anschauung nach sind gewöhnliche Menschen und das Idealbild eines Buddhas Welten voneinander entfernt. In ihrem Bestreben nach Errettung bleibt den gewöhnlichen Sterblichen keine andere Wahl, als auf die Unterstützung und Mithilfe solcher Buddhas zu setzen.

Die empfundene Trennlinie zwischen den neun Welten und der Welt der Buddhaschaft wird von der im Lotos-Sutra dargelegten Lehre der *Dreitausend Bereiche in einem einzigen Lebensmoment* überwunden. Dieses Prinzip erklärt, dass „die neun Welten das Potenzial für die Buddhaschaft besitzen und dass die Buddhaschaft die neun Welten beinhaltet“[5]. (DG 3, 83) Hierin zeigt sich die Tragweite des im Lotos-Sutra erläuterten Prinzips des *Gegenseitigen Enthaltenseins der Zehn Welten*.

Der Daishonin begründete die Ausübung des Chantens von Nam-Myoho-Renge-Kyo und eröffnete damit die Möglichkeit zur tatsächlichen Umsetzung dieses Prinzips, in dem der Schlüssel zur Verwirklichung der Buddhaschaft in diesem Leben liegt. Dies stellt in sich die höchste und vollkommenste Ausprägung der buddhistischen Lehre dar – einer Lehre, die sich der Suche nach Erleuchtung für alle Menschen verschrieben hat.

Die Buddhanatur hervorrufen und manifestieren

Das Mystische Gesetz ist das grundlegende Gesetz des Universums. Es besitzt eine universelle Gültigkeit, die unsere individuelle Identität übersteigt.

5 „Die neun Welten besitzen das Potenzial für die Buddhaschaft und die Buddhaschaft beinhaltet die neun Welten“: Dies bedeutet, dass das Leben der Wesen in den neun Welten – also die Welten von Hölle bis Bodhisattva – mit der Welt der Buddhaschaft ausgestattet ist, und dass das Leben der Buddhas gleichermaßen mit den neun Welten ausgestattet ist. Gewöhnliche Menschen und Buddhas sind demzufolge gleichwertig und unterscheiden sich insoweit nicht voneinander.

Wie die Worte „mystische Wahrheit, die immer schon in Ihrem Leben vorhanden war“ (DG 1, 43) beschreiben, existiert das Mystische Gesetz ebenso in unserem eigenen Leben. Es wohnt unserem Leben inne und geht doch gleichzeitig weit darüber hinaus. Anders ausgedrückt ist das Mystische Gesetz deshalb in unserem Leben enthalten, weil es das allumfassende Gesetz ist, das jeden einzelnen Bestandteil des Universums durchdringt.

In einer seiner Schriften erläutert der Daishonin das Wesen von Myoho-Renge-Kyo wie folgt:

> *„Zur Bedeutung von Myoho-Renge-Kyo: Die Buddhanatur, die unserem Leben als gewöhnliche Sterbliche innewohnt; die Buddhanatur Brahmas, Shakras und der anderen Gottheiten; die Buddhanatur Shariputras, Maudgalyayanas und der anderen Shravakas; die Buddhanatur Manjushris, Maitreyas und der anderen Bodhisattvas; und das Mystische Gesetz, das die Erleuchtung aller Buddhas der drei Existenzen darstellt, sind alle eins und völlig identisch. Dieses Prinzip wird Myoho-Renge-Kyo genannt.“*
> (WND, 887)

Myoho-Renge-Kyo ist also nicht nur unsere eigene Buddhanatur, sondern auch die Buddhanatur aller himmlischen Gottheiten, Shravakas, Bodhisattvas usw. Außerdem ist diese Buddhanatur identisch mit dem Mystischen Gesetz, zu dem die Buddhas der drei Existenzen erwacht sind.

Wie der Daishonin sodann erläutert, können wir durch das Chanten von Daimoku die Buddhanatur „hervorrufen und sichtbar machen“, die im Leben aller Wesen in den zehn Welten vorhanden ist:

> *„Sobald wir daher Myoho-Renge-Kyo chanten, rufen wir alleine mit diesem Klang die Buddhanatur aller Buddhas hervor und machen sie sichtbar; die Buddhanatur aller Existenzen; aller Bodhisattvas; aller Shravakas; aller Gottheiten wie Brahma, Shakra und König Yama; der Sonne, des Mondes und der Myriaden von Sternen; der himmlischen und irdischen Götter; bis hin zur Buddhaschaft derjenigen, die in der Hölle weilen, hungriger Geister, Tiere, Asuras, menschlicher und himmlischer Wesen und aller anderen Lebewesen. Diese Wohltat ist unermesslich und grenzenlos.“*
> (WND, 887)

Und er bemerkt weiter:

„Wenn wir das unserem Leben innewohnende Myoho-Renge-Kyo als Objekt der Verehrung betrachten, wird die Buddhanatur in uns hervorgerufen und durch unser Chanten von Nam-Myoho-Renge-Kyo manifestiert. Das ist die Bedeutung von ‚Buddha'." (WND, 887)

Der Ausdruck „wird hervorgerufen und manifestiert" weist auf die tiefe Bedeutung des Mystischen Gesetzes hin.

Der Daishonin bedient sich einer wunderbaren Metapher, um das Prinzip zu erläutern, nach dem wir unsere innere Buddhanatur hervorrufen und manifestieren:

„Zur Verdeutlichung: Wenn ein Vogel in seinem Käfig singt, werden die Vögel, die am Himmel fliegen, dadurch herbeigerufen und versammeln sich in seiner Nähe; und wenn die Vögel, die am Himmel fliegen, sich in seiner Nähe versammeln, wird der Vogel im Käfig versuchen sich zu befreien." (WND, 887)

Das Singen des Käfigvogels entspricht dem Daimoku gewöhnlicher Menschen, die trotz ihrer Fesseln aus fundamentaler Dunkelheit und irdischen Begierden an das Mystische Gesetz glauben. Anders gesagt ist es Daimoku, das in dem entschlossenen Glauben gechantet wird, mit der Kraft des Mystischen Gesetzes über alle Schwierigkeiten zu triumphieren und auf jeden Fall glücklich zu werden.

Ein derart starkes und entschlossenes Daimoku ruft in allen Lebewesen die Buddhanatur hervor. Es erscheint nicht nur die Buddhanatur Brahmas und Shakras und aller Buddhas und Bodhisattvas des gesamten Universums; vielmehr können auch diejenigen, die Nam-Myoho-Renge-Kyo chanten, die Ketten der fundamentalen Dunkelheit und der Illusion sprengen und ihre eigene Buddhanatur zum Vorschein bringen. Wenn wir Nam-Myoho-Renge-Kyo rezitieren, verbindet also die Kraft unserer Stimme unser Leben mit dem Mystischen Gesetz, das alle Phänomene der dreitausend Bereiche durchdringt.

In seiner Schrift *Brief an Niike* führt der Daishonin die Bedeutung des Chantens von Daimoku weiter aus; er benutzt dazu das bekannte Gleichnis von der Vogelmutter und ihrem Ei.[6] Er sagt, das Chanten von Nam-Myoho-Renge-Kyo

6 Nichiren Daishonin schreibt: „Das Ei eines Vogels enthält nichts als Flüssigkeit, aber ganz von allei-

sei „wie die Wärme der Vogelmutter". Zunächst ist in dem Ei nichts als Flüssigkeit, doch durch die Brutwärme der Vogelmutter werden Schnabel, Augen und Federn ausgeformt. Schon bald wird das Vogeljunge die Schale durchbrechen, aus dem Ei schlüpfen und sich in den Himmel emporschwingen wie seine Mutter. In diesem Bild entspricht die Substanz im Inneren des Eis der Buddhanatur aller Lebewesen, während die Vogelmutter für den Buddha steht, der andere zur Erleuchtung führt. Das Chanten von Nam-Myoho-Renge-Kyo ist sowohl die „Stimme des Glaubens" gewöhnlicher Menschen als auch eine Funktion des Lebenszustands der Buddhaschaft.

Was ist die wichtigste Ermahnung des Daishonins an alle, die durch das Chanten von Nam-Myoho-Renge-Kyo die Erleuchtung erlangen wollen? Es ist die Erinnerung, das Gesetz keinesfalls außerhalb unserer selbst zu suchen. Wenn wir glauben, das Gesetz existiere außerhalb von uns, fallen wir letztendlich zurück zu der Trennung zwischen Buddhas und gewöhnlichen Menschen, wie sie die dem Lotos-Sutra vorangehenden Lehren vertreten.

Das eigene Leben als Nam-Myoho-Renge-Kyo erkennen

Die wohltuende Wirkung von Nam-Myoho-Renge-Kyo ist unermesslich. Josei Toda, zweiter Präsident der Soka Gakkai, beschrieb die unbegrenzte Kraft des Mystischen Gesetz einmal mit den Worten: „Es ist, als läge man mit ausgestreckten Armen und Beinen auf dem Rücken in einem weit offenen Raum und blickte in den Himmel. Alles was man sich wünscht, erscheint umgehend. Wie viel man auch gibt, es ist immer noch mehr da. Es ist niemals erschöpft. Versuchen Sie einmal, diesen Lebenszustand zu erreichen."

Nam-Myoho-Renge-Kyo ist tatsächlich wie ein „wunscherfüllendes Juwel". Wie aber können wir einen so grenzenlosen Lebenszustand entwickeln, dass wir im entscheidenden Moment stark genug sind? Herr Toda pflegte zu sagen: „Wenn Sie tatsächlich einen solchen Lebenszustand erreichen möchten, müssen Sie mit jeder Faser Ihres Seins für das Lotos-Sutra und für Kosen-rufu kämpfen!"

ne entwickelt sie sich zu einem Schnabel, zwei Augen und all den anderen Teilen, die einen Vogel bilden, und der in den Himmel fliegen kann. Wir sind auch wie dieses Ei, unwissend und in keiner Weise außergewöhnlich, aber wenn wir mit dem Chanten von Nam-Myoho-Renge-Kyo genährt werden, entwickeln wir den Schnabel der zweiunddreißig Merkmale des Buddhas und das Gefieder seiner achtzig Eigenschaften und sind frei, um in den Himmel der letztendlichen Wirklichkeit aufzusteigen." (DG 1, 131)

Wir brauchen die Einstellung, gemeinsam mit den Buddhas der drei Existenzen, mit Brahma und mit Shakra zu kämpfen, wo immer im Universum wir uns auch gerade befinden mögen. So können wir eine glückliche und friedliche Welt errichten, die der Schaffung von Werten gewidmet ist, indem wir anderen Menschen dabei helfen, ihr Elend und Unglück sowie die Leiden von Geburt, Alter, Krankheit und Tod zu überwinden.

Ein so weiter und freier Geist war Toda zueigen. Was auch geschah, Toda gab seine Suche nach dem Gesetz, das nur im eigenen Leben zu finden ist, niemals auf. Gleichzeitig betonte er, wie wichtig es sei, sich selbst treu zu bleiben. Toda hatte im Gefängnis die tiefe Erkenntnis gewonnen, dass der Buddha das Leben selbst ist, und war zu seiner Identität als Bodhisattva aus der Erde erwacht. Dies war seine Basis.

Toda sprach oft über die Glaubenshaltung, die notwendig ist, um das Mystische Gesetz in uns selbst zu erkennen: „Sie müssen entschlossen sein, dass Nam-Myoho-Renge-Kyo Ihr eigenes Leben ist!" oder „Das Mystische Gesetz im Späten Tag zu verbreiten bedeutet, fest daran zu glauben, dass Ihr Leben nichts anderes ist als Nam-Myoho-Renge-Kyo!" Diesen Geist lehrt der Daishonin, wenn er sagt: „Wenn Sie also das Mystische Gesetz chanten und das Lotos-Sutra rezitieren, dann müssen Sie die tiefe Überzeugung aufbringen, dass Myoho-Renge-Kyo Ihr Leben selbst ist." (DG 1, 43)

Eine universell gültige Religion für das Glück der Menschheit

Im Allgemeinen geht eine Religion vom Vorhandensein einer unendlichen, ewigen Wesenheit aus, die sowohl die Menschen als auch die Unbeständigkeit unserer Welt übersteigt, und verwendet dafür Begriffe wie „Gott" oder „Gesetz". Diese unendliche, ewige Wesenheit wird von den verschiedenen Religionen sehr unterschiedlich betrachtet: als Quell von Angst und Ehrfurcht, als Gegenstand der Anbetung, als große Leere oder auch als Ursprung einer allumfassenden Liebe.

Für den Daishonin existierte die Kraft des Mystischen Gesetzes, das alles im Universum umschließt und am Leben erhält, im Inneren des Menschen. Er fand ein Mittel, mit dem Menschen dieses Gesetz in ihrem Leben manifestieren können.

In meiner zweiten Vorlesung an der Harvard-Universität im September 1993 habe ich drei Bereiche vorgestellt, in denen der Mahayana-Buddhismus einen Beitrag zur modernen Zivilisation leisten kann. Dies sind:

1. Förderung friedensstiftender Prozesse,
2. Wiederherstellung und Erneuerung der Menschlichkeit, und
3. Entwicklung der philosophischen Grundlage für eine symbiotische Koexistenz aller Wesen.

Im Zusammenhang mit dem zweiten Punkt hob ich die Sichtweise des Nichiren-Buddhismus hervor, der weder lehrt, sich einseitig auf die eigenen Kräfte des Individuums zu verlassen, noch sich völlig von äußeren Kräften abhängig zu machen. Dieser Ansatz fand den Beifall vieler Gelehrter.

Nach dem Buddhismus des Daishonins können wir unsere eigene Kraft nur vollständig aktivieren, wenn wir beten und mit der äußeren Kraft der ewigen, unveränderlichen Wahrheit verschmelzen, die unser begrenztes, endliches Selbst überschreitet. Doch gleichzeitig und eigentlich existiert diese ewige, allumfassende, äußere Kraft tief in unserem eigenen Leben. Der Daishonin schreibt: „Sicherlich sind die Menschen selbst bestimmt – und doch wieder nicht. Sicherlich sind die Menschen fremdbestimmt – und doch wieder nicht." (GZ, 403)[7] Meiner Ansicht nach bedeutet dies Folgendes: Indem wir uns weder ausschließlich auf äußere Kräfte noch ausschließlich auf die Kraft des eigenen Selbst verlassen, können wir jene überschreitende Kraft manifestieren, die in unserem Innern existiert. Wenn wir Nam-Myoho-Renge-Kyo chanten, wird dies möglich.

Auf diese Weise eröffnet der Buddhismus Nichirens eine breit angelegte, neue Vision von einer universell gültigen Religion für das Glück aller Menschen – eine Religion, die jene Lehren überschreitet, die streng zwischen äußerer Kraft und eigener Kraft unterscheiden und eine der beiden für höherwertig halten.

7 Der Daishonin schreibt: „Nun, nach den Lehren des Lotos-Sutras sind die Menschen sicherlich selbstbestimmt – und doch wieder nicht. Denn das eigene Selbst oder Leben besitzt die Natur aller Lebewesen in den Zehn Welten. Deshalb enthielt dieses Selbst von Anfang an sein eigenes Reich der Buddhaschaft und die Reiche der Buddhaschaft, die alle anderen Lebewesen besitzen. Das hat zur Folge, dass man nicht irgendeine neue oder „andere" Buddha-Identität annimmt, wenn man die Buddhaschaft erlangt.
Anders wiederum sind nach den Lehren des Lotos-Sutras die Menschen sicherlich fremdbestimmt – und doch wieder nicht. Die Buddhas, die man als von uns getrennt ansieht, sind eigentlich in unserem eigenen Selbst enthalten – also im Leben von uns gewöhnlichen Menschen. Jene Buddhas manifestieren das Reich der Buddhaschaft von allen Lebewesen auf die gleiche Weise wie wir." (GZ, 403)

4. Die Veränderung unserer grundlegenden Lebenseinstellung – Entscheidung gegen ein Leben der „endlosen, qualvollen Selbstkasteiung“

Kampf gegen die Unwissenheit

Das Zeichen *Myo* von *Myoho* (Mystisches Gesetz) hat drei Bedeutungen: vollkommen ausgestattet sein, öffnen und wieder beleben.[1] Diese drei Bedeutungen sind allesamt im Chanten von Daimoku inbegriffen. Das Chanten von Daimoku umfasst also drei Aspekte:

1. das *Myo* der vollkommenen Ausstattung, d.h. das einzigartige Gesetz von Myoho-Renge-Kyo schließt alle Phänomene ein;
2. das *Myo* der Veränderung, das die Welt der Buddhaschaft im Leben der Wesen in den neun Welten (von der Hölle bis zum Bodhisattva) „öffnet“; und
3. das *Myo* der großen Wohltaten, durch das ein Leben voller Leid zu einem Leben voller Gelassenheit und Freude „wiederbelebt“ wird.

Unser Leben ist selbst eine Wesenheit des Mystischen Gesetzes. Daher ist es mit allen Phänomenen vollkommen ausgestattet. Die fundamentale Dunkelheit und die erleuchtete Dharmanatur, irdische Begierden und Erleuchtung, die neun Welten und die Welt der Buddhaschaft – sie alle existieren in uns. Und gerade deshalb können wir eine mystische und grundlegende innere „Revolution“ vollziehen – Dunkelheit in Licht verwandeln, die Flamme der Erleuchtung entfachen, indem wir „das Brennholz der irdischen Begierden anzünden“ (OTT, 11) und so die Welt der Buddhaschaft in unserem Leben der neun Welten zum Vorschein bringen.

1 Drei Bedeutungen von Myoho: In *Das Daimoku des Lotos-Sutras* schreibt der Daishonin: „Myo heißt ‚vollkommen ausgestattet‘, was auch ‚Perfektion‘ bedeutet.“ (DG 3, 19); „Daher bedeutet das Schriftzeichen myo ‚öffnen‘“. (DG 3, 17) und „Myo bedeutet wiederbeleben, das heißt, zum Leben zurückzukehren.“ (DG 3, 27)

Der Schlüssel zu dieser tief greifenden inneren Verwandlung liegt in unserem Herzen, unserer grundlegenden Lebenseinstellung bzw. Geisteshaltung. Daher warnt uns der Daishonin in *Über die Verwirklichung der Buddhaschaft in diesem Leben*: „(...) wenn Sie (...) denken, dass das Gesetz außerhalb Ihrer selbst liegt, dann nehmen Sie nicht das Mystische Gesetz an, sondern eine unterlegene Lehre." (DG 1, 43) Diese mahnenden Worte im Sinn sollten wir uns gewissenhaft bemühen, Daimoku zu chanten und dabei nie vergessen, dass es letztlich auf eine Veränderung in unserem Herz und Geist ankommt. So werden sich die drei Bedeutungen von *Myo* deutlich in unserem Leben zeigen.

Ohne Frage ist das Gesetz, das der vom Daishonin verbreiteten Ausübung des Chantens zugrunde liegt, äußerst wundersam. Doch seine Kraft kann sich nicht vollständig entfalten, wenn unser Leben von Unwissenheit verdunkelt ist. Unwissenheit ist die innere Finsternis, die uns vom Glauben an das Mystische Gesetz und der Konzentration auf die Buddhanatur in uns und anderen abhält. Die Praxis des Chantens befähigt uns, diese Dunkelheit zu durchbrechen und voller Dynamik unsere Buddhaschaft hervorzuholen. Dieser innere Kampf gegen unsere Unwissenheit ist der Wesenskern des Chantens von Daimoku.

Wenn man trotz Studiums buddhistischer Lehren unbuddhistischem Denken erliegt

„Sie dürfen keine Lehre Shakyamunis und keinen Buddha und Bodhisattva des ganzen Universums außerhalb Ihrer selbst suchen. [Sie dürfen niemals denken, eine der achtzigtausend heiligen Lehren aus Shakyamunis Zeiten oder einer der Buddhas und Bodhisattvas der zehn Richtungen und drei Existenzen befände sich außerhalb Ihrer selbst.] Das Meistern der buddhistischen Lehren wird Sie nicht im Geringsten von Ihren irdischen Leiden erlösen, solange Sie nicht das Wesen Ihres eigenen Lebens erkennen. Wenn Sie die Erleuchtung außerhalb Ihrer selbst suchen, dann bleibt jede Anstrengung oder jede gute Tat sinnlos [dann bleiben selbst zehntausend Ausübungen und zehntausend gute Taten sinnlos]. Zum Beispiel kann ein armer Mann keinen einzigen Pfennig gewinnen, wenn er nur den Reichtum seines Nachbarn zählt, auch wenn er Tag und Nacht nichts anderes täte. Aus diesem Grund erklärt Miao-lo [Miaole]: ‚Ohne das Wesen seines Lebens zu erkennen, kann man sein schlechtes Karma [seine schweren Ver-

leumdungen] nicht auslöschen.'[2] Damit meint er, wenn man das Wesen seines Lebens nicht erkennt, dann wird seine Ausübung zur endlosen, qualvollen Selbstkasteiung. Deshalb rügt Miao-lo [Miaole] solche Schüler des Buddhismus als Nichtbuddhisten. Er verweist auf folgende Stelle in der Maka Shikan: ‚Obwohl sie Buddhismus studieren, fallen ihre Ansichten zu solchen von Nichtbuddhisten zurück.' Ob Sie den Namen des Sutras[3] chanten, das Sutra rezitieren oder auch nur Blumen und Räucherstäbchen darbringen, alle Ihre tugendhaften Handlungen pflanzen den Nutzen und das dauerhafte Glück in Ihr Leben hinein. Mit dieser Überzeugung sollten Sie Ihren Glauben in die Tat umsetzen." (DG 1, 43f.)

In dem Abschnitt, den wir diesmal studieren, warnt uns der Daishonin erneut: „Sie dürfen niemals denken, eine der achtzigtausend heiligen Lehren aus Shakyamunis Zeiten oder einer der Buddhas und Bodhisattvas der zehn Richtungen und drei Existenzen befände sich außerhalb Ihrer selbst." (vgl. DG 1, 43) Die Verwendung des Wortes „niemals" an dieser Stelle erscheint mir besonders bedeutungsvoll. Der Abschnitt besagt, dass die Gesamtheit des Buddhismus in unserem eigenen Leben enthalten ist. Der Daishonin folgert hier, dass sowohl die „achtzigtausend heiligen Lehren aus Shakyamunis Zeiten" als auch die „Buddhas und Bodhisattvas der zehn Richtungen und drei Existenzen" Phänomene sind, die sämtlich uns innewohnen.

Der Daishonin sagt weiterhin, dass „selbst zehntausend Ausübungen und zehntausend gute Taten" (also alle zu Lebzeiten Shakyamunis dargelegten Lehren) sowie der Glaube an den Schutz der Buddhas und Bodhisattvas der drei Existenzen (also die Schutzfunktionen des Universums) vergebens sind, wenn wir die Erleuchtung außerhalb unserer selbst suchen. Dies wäre ebenso sinnlos, wie den Reichtum des Nachbarn zu zählen, denn dadurch gewinnen wir nichts. Sodann zitiert der Daishonin einen Absatz aus einem Kommentar der Tiantai-Schule, in dem es heißt: „Ohne das Wesen seines Lebens zu erkennen, kann man seine schweren Verleumdungen nicht auslöschen." (ebd.) Wenn wir diesen Punkt nicht begreifen, ermahnt uns der Daishonin, verkommen alle äußeren Anstrengungen und guten Taten, die wir auf der Suche nach der Erleuchtung unternehmen, letztendlich zur „endlosen, qualvollen Selbstkasteiung". (ebd.)

2 Miaole: Anmerkungen zu *Große Konzentration und Einsicht*

3 „Name des Sutras" bezieht sich hier auf Nam-Myoho-Renge-Kyo

Was bedeutet „ohne das Wesen seines Lebens zu erkennen, kann man seine schweren Verleumdungen nicht auslöschen"? „Schwere Verleumdungen" verweist hier auf Unwissenheit, die Wurzel alles Bösen. Das schwere Vergehen der Herabsetzung des Gesetzes oder der korrekten buddhistischen Lehre [das zu schlechtem Karma führt] ist eine Folge der angeborenen Dunkelheit oder Unwissenheit. Im Buddhismus Tiantais lässt sich die Unwissenheit nur durch die Ausübung der Betrachtung des eigenen Herzens beseitigen, also durch Weisheit. Im Buddhismus des Daishonins überwinden wir die fundamentale Dunkelheit gemäß dem Prinzip *Weisheit durch Glauben ersetzen*[4] mit dem „scharfen Schwert" des Glaubens. Das ist die Essenz des Chantens von Daimoku.

Noch einmal: Wenn wir die Erleuchtung außerhalb unserer selbst suchen, beschreiten wir nicht den Weg der Betrachtung des eigenen Herzens – einen Weg, auf dem wir das grundlegende Übel der Unwissenheit oder Dunkelheit überwinden können. In diesem Fall würde allen unseren Bemühungen und guten Taten in dem Streben nach Erleuchtung das wesentliche Element fehlen; sie wären dann allesamt so fruchtlos wie das Zählen der großen Besitztümer unseres Nachbarn. Keine dieser Anstrengungen kann uns dabei helfen, unsere Unwissenheit zu beseitigen; somit verkommen sie zu einer „endlosen, qualvollen Selbstkasteiung".

Der hier beschriebene Kampf gegen die Unwissenheit ist das Kernstück des Buddhismus. Es heißt, dass Shakyamunis Erleuchtung darin bestand, die Dunkelheit oder Unwissenheit als grundlegende Ursache für die Leiden aus Geburt, Alter, Krankheit und Tod auszumachen und den Weg aufzuzeigen, diese Unwissenheit zu überwinden.

Solange wir daher den Weg zur Erleuchtung außerhalb unseres eigenen Lebens suchen, wird jede unserer Ausübungen oder guten Taten von der wahren Essenz des Buddhismus abweichen. Dementsprechend sagt der Daishonin: „Deshalb rügt Miao-lo [Miaole] solche Schüler des Buddhismus als Nichtbuddhisten." (DG 1, 44)

4 *Weisheit durch Glauben ersetzen*: Nach diesem Prinzip ist der Glaube die wahre Ursache für den Erwerb von Weisheit; allein der Glaube führt zur Erleuchtung.

Die Suche nach Erleuchtung außerhalb des eigenen Lebens kommt einer Niederlage im Kampf gegen die Unwissenheit gleich

Ein wichtiger Punkt in dieser Schrift ist die Warnung des Daishonins, dass selbst wir als Praktizierende des Nichiren-Buddhismus Gefahr laufen, in eine nichtbuddhistische Denkweise zurückzufallen, wenn wir das Gesetz außerhalb unseres eigenen Lebens suchen. Als Schüler des Daishonins sollten wir daher stets seine Ermahnung im Sinn haben: „Sie dürfen niemals denken, eine der achtzigtausend heiligen Lehren aus Shakyamunis Zeiten oder einer der Buddhas und Bodhisattvas der zehn Richtungen und drei Existenzen befände sich außerhalb Ihrer selbst." (DG 1, 43)

Das Chanten von Daimoku ist eine Ausübung zur Offenbarung „der mystischen Wahrheit, die immer schon in Ihrem Leben vorhanden war"[5], die in allen Menschen existiert, und zur Verwirklichung der Buddhaschaft in diesem Leben. Es ist eine unvergleichlich „wundervolle Ausübung" (OTT, 88), denn sie stellt das Mittel dar, mit dem alle Lebewesen die Erleuchtung erlangen können.

Wenn wir jedoch die Ermahnung des Daishonins außer Acht lassen, niemals das Gesetz außerhalb unserer selbst zu suchen, werden wir den korrekten Weg zur universellen Erleuchtung verlassen und schließlich eine nichtbuddhistische Lehre ausüben. Aus diesem Grund ist der Daishonin in diesem Punkt so streng.

Das Hauptziel unserer Praxis ist, das wahre Wesens unseres Lebens und unseres Herzens zu erkennen. Hierzu müssen wir einen inneren Kampf aufnehmen. Wenn wir uns von den *drei Hindernissen und vier Teufeln* besiegen lassen, werden wir die Erleuchtung nicht erlangen. Der Kampf gegen die Dunkelheit oder Unwissenheit ist daher unvermeidlicher Teil des Prozesses, Buddha zu werden. Der entscheidende Faktor für die Verwirklichung der Buddhaschaft ist mit anderen Worten unser unaufhörlicher Kampf gegen die uns eigene Unwissenheit. Das dürfen wir niemals vergessen.

Indem wir uns diesem Kampf stellen, können wir in unserem Leben die Weisheit des Buddhas offenbaren. Diese Tugend hilft uns, unsere Unwissenheit direkt anzugehen und sie zu überwinden. Wenn wir diesen Kampf jedoch nicht austragen, wird die Unwissenheit unsere Buddhanatur verschleiern und überlagern. Sie wird sich verstärken und die fünf irreführenden Tendenzen von Hab-

5 „Mystische Wahrheit, die immer schon in ihrem Leben vorhanden war": das grundlegende Gesetz, mystische Gesetz oder Buddhanatur, mit dem alles Leben ursprünglich ausgestattet ist.

gier, Ärger, Dummheit, Arroganz und Zweifel in uns fördern. Das geschieht, wenn man das Gesetz außerhalb des eigenen Selbst wähnt.

Glaube zur Verwirklichung der Buddhaschaft in diesem Leben

Die Großartigkeit des Gohonzons an sich steht außer Frage – und sie ist unermesslich. An einer Stelle in Nichikan Shonins *Schriften in sechs Bänden* heißt es: „Selbst jemand, der noch keinen wahren Glauben entwickelt hat, wird unermesslichen Nutzen durch seine Verbindung mit dem korrekten Objekt [der Verehrung, d. h. dem Gohonzon] erfahren."

Die Soka Gakkai, die den wahren Glauben geerbt hat, widmet sich der weiten Verbreitung dieser unendlichen, grenzenlosen Kraft des Gohonzons unter zahllosen anderen Menschen. Der Glaube, wie er in der Soka Gakkai praktiziert wird, führt zu aktiven Bemühungen, das Mystische Gesetz im eigenen Leben sichtbar zu machen; er zeigt sich auch in Form von eindeutigen Nutzen und Wohltaten. Wenn wir gemeinsam mit der Soka Gakkai vorangehen, werden wir ganz natürlich die korrekte Glaubensausübung, die Nichiren Daishonin lehrte, verinnerlichen.

Wer aufrichtig vor dem Gohonzon Nam-Myoho-Renge-Kyo chantet und an den Aktivitäten der Soka Gakkai teilnimmt, wird ganz sicher ein Buddha. Der Zweck des Glaubens ist es, unser volles Potenzial zu nutzen und auf unsere eigene, einzigartige Weise zu erstrahlen. Deshalb ist es wichtig, immer weiter vorwärts zu gehen und sich selbst mit der Haltung herauszufordern: „Ich werde mich weiter in der Ausübung bemühen! Ich werde meinen Glauben vertiefen! Als Mitglied der Soka Gakkai werde ich mein Bestes geben!" Das ist der sichere Weg zur Verwirklichung der Buddhaschaft in diesem Leben.

Mit dieser Einsicht wollen wir ganz konkret und streng Nichiren Daishonins Ermahnung auf unsere tägliche Praxis anwenden: „Wenn Sie (...) denken, dass das Gesetz außerhalb Ihrer selbst liegt, dann nehmen Sie nicht das Mystische Gesetz an, sondern eine unterlegene Lehre." (DG 1, 43) Das Mystische Gesetz irgendwo außerhalb zu suchen läuft darauf hinaus, die Verantwortung für das eigene Leben zu umgehen.

Die Ausübung des Buddhismus Nichiren Daishonins bedeutet, nicht zu schwanken, sondern ein stabiles und sicheres Selbst aufzubauen wie der in den Himmel emporragende Fuji. Doch wenn wir diese Aufgabe vernachlässigen und unsere Energie für andere Dinge einsetzen, können wir unversehens auf einen Weg gelangen, der uns das Gesetz außerhalb unserer selbst suchen lässt.

Wenn wir beispielsweise zum Gohonzon chanten, jedoch stets andere Menschen oder unsere Umgebung für unsere Umstände verantwortlich machen, weichen wir der Herausforderung aus, unsere innere Dunkelheit oder Unwissenheit anzugehen. Dadurch suchen wir die Erleuchtung außerhalb von uns selbst. Nur durch Veränderung auf einer tieferen Ebene können wir allmählich unsere Situation verbessern. Die Triebkraft dieser Veränderung ist das Gebet.

Ebenso wichtig ist es, nicht in die Falle eines „abhängigen" Glauben zu geraten, bei dem wir unsere Hoffnungen auf die Beantwortung unserer Gebete durch göttliche oder transzendente Kräfte von Gottheiten oder Buddhas richten. Das ist ein typisches Beispiel dafür, das Gesetz außerhalb des eigenen Selbst zu sehen. Die vorläufigen Buddhas der dem Lotos-Sutra vorausgehenden Lehren[6] waren diesem Glauben zugeneigt, der im Grunde nichts anderes ist als Flucht.

Selbst wenn sie sichtlich leiden, vermeiden Menschen mit solchem Glauben es, sich ihren Problemen direkt zu stellen. Weder haben sie den Mut noch bemühen sie sich tatsächlich darum, ihre Situation herauszufordern. Ohne Anstrengung jedoch kommt unsere menschliche Revolution nicht in Gang. Offen gesagt dient der Glaube hier lediglich dazu, sich hinter ihm zu verstecken, und als Vorwand, sich nicht mit der Realität auseinandersetzen zu müssen.

Das Bild eines Bergsteigers mag dies veranschaulichen: Wenn wir nur um den Berg herumwandern und nicht ernsthaft versuchen, seine Hänge zu erklimmen, werden wir niemals den Gipfel erreichen, wie viel Zeit wir dafür auch aufwenden mögen. Wenn wir unseren eigenen Themen aus dem Weg gehen, werden wir niemals imstande sein, uns zu entwickeln, stärker zu werden und die Buddhaschaft in diesem Leben zu verwirklichen.

Es ist außerdem wichtig, allgemeinen Zweifel und Unglauben sowie das Jammern und Klagen aus unserem Leben zu verbannen. Dem Irrglauben, dass Myoho-Renge-Kyo, das Mystische Gesetz, außerhalb unseres Lebens existiere, liegt im Kern die Unfähigkeit zugrunde, an das Vorhandensein der Buddhanatur in uns und anderen Menschen zu glauben. Dieser Unglaube wiederum entspringt der fundamentalen Dunkelheit oder Unwissenheit.

6 Die vorläufigen Lehren, die dem Lotos-Sutra vorausgehen, lehren nicht das Vorhandensein der Buddhanatur in allen Menschen, sondern beschreiben Buddhas idealisiert als übernatürliche Wesen. Die Lehre des *Reinen Landes* (Nembutsu) lehrt z. B. anstelle des Vertrauens auf die eigene Kraft die Abhängigkeit der Erlösung durch einen Buddha namens Amida.

In Bezug auf den Glauben wird diese Tendenz, die Buddhanatur skeptisch als „schönes Ideal, das aber die Realität nicht wirklich verändern kann" zu sehen, in einem schwachen, unklaren Gebet ohne jedes Vertrauen Ausdruck finden. Wenn unsere Bemühungen halbherzig sind, wird es uns nicht gelingen, unsere Haltung oder unser Leben grundlegend zu verändern.

Der Daishonin weist uns in dieser Schrift darauf hin, dass wir „tiefe Überzeugung aufbringen" müssen (DG 1, 43), wenn wir in diesem Leben die Buddhaschaft verwirklichen wollen; wir müssen also ständig nach der Vertiefung unseres Glaubens und Gebetes streben. Und wenn unser Glaube sich verstärkt, wird sich dies in vertrauensvollem und konkretem Gebet zeigen.

Da unsere Glaubensausübung auf die Verwirklichung der Buddhaschaft in diesem Leben abzielt, kommt es beim Chanten von Nam-Myoho-Renge-Kyo wesentlich auf völlige Konzentration an. Wie beim Bogenschießen werden wir ohne klares Ziel den Bogen nicht mit hinreichender Energie oder Entschlossenheit spannen können. Gleichermaßen werden unsere Gebete sich nur erfüllen, wenn wir die unbestimmte Sehnsucht durch konkrete Entschlüsse und zuversichtliches Daimoku ersetzen, um unsere Ziele unfehlbar zu erreichen.

Jammern und Klagen sind die Einfallstore für Zweifel und Unglauben. Trotz der Einsicht, dass solches Verhalten falsch ist, können wir jedoch manchmal einfach nicht anders. Sollte das Klagen jedoch zur Gewohnheit werden, wird es zu einer Bremse für unser Wachstum und lässt uns vergessen, uns um Fortschritt und Besserung zu bemühen. Wenn dies geschieht, verschließen wir uns unserem eigenen Potenzial und verfallen wieder in die Suche nach dem Gesetz außerhalb unserer selbst. Es mag eine echte Herausforderung sein, dieses Verhalten einzustellen. Doch das Mystische Gesetz verleiht uns die Weisheit, diese Neigung zu steuern und sie als Sprungbrett zu positivem Wachstum und Entwicklung zu nutzen.

Wir sollten auch streng auf der Hut vor Verleumdung anderer Mitglieder sein. Verleumdung sowie Gefühle der Ablehnung und Eifersucht auf andere führen schließlich dazu, ihre Buddhanatur zu verleugnen. Die Unfähigkeit, an die Buddhanatur anderer zu glauben – ebenso wie die Unfähigkeit, an unsere eigene Buddhanatur zu glauben – bringt uns vom Kurs ab und lässt uns das Gesetz erneut im Außen suchen. Unsere Buddhanatur spornt uns letztendlich an, nach Glück für uns und für andere zu streben. Das Lotos-Sutra lehrt, dass alle Menschen das Potenzial zur Buddhaschaft haben. Nicht an die Buddhanatur zu glauben heißt, den Geist dieses Sutras zu verleugnen. Folglich warnt uns der Daishonin eindringlich, dass nicht nur die Erfüllung unserer Gebete um die Verwirklichung der Buddhaschaft in diesem Leben ausbleibt, sondern dass wir am Ende auch das Gesetz verleumden werden, falls wir gegen dieses Sutra handeln.[7]

Nur wenn wir gemeinsam mit der Haltung *Äußerlich verschieden, einig im Herzen* praktizieren, wird sich der große Wunsch nach Kosen-rufu erfüllen.[8] Ich möchte erneut bekräftigen, dass das Chanten von Nam-Myoho-Renge-Kyo für unser eigenes und das Glück der anderen das wahre Mittel ist, um die Buddhaschaft in diesem Leben zu verwirklichen. Jeder Mensch hat das Potenzial, Buddha zu werden.

Der Geist der ersten drei Präsidenten pulsiert in der Soka Gakkai

Wenn eine buddhistische Lehre die Existenz des Gesetzes in jedem Menschen betont, drückt sich darin die Wertschätzung jedes einzelnen Lebens aus. Eine solche Lehre wendet sich an jeden Menschen, ermutigt zur eigenen menschlichen Revolution und will alle zur Erleuchtung führen. Eine Person nach der anderen erscheint und nimmt den Glauben an – hierin verwirklichen sich das Prinzip der Bodhisattvas, die aus der Erde hervortreten, um das Gesetz zu verbreiten, sowie die unveränderliche Formel von Kosen-rufu.[9]

Diesem Weg der Soka Gakkai sind ersten die drei Präsidenten – Tsunesaburo Makiguchi, Josei Toda und ich selbst – beharrlich gefolgt. Aus diesem Grund hat die Soka Gakkai eine so phänomenale Entwicklung erfahren und Kosen-rufu konnte sich in der ganzen Welt verbreiten.

7 In *Die vierzehn Verleumdungen* schreibt der Daishonin: „Doch es gibt einen Unterschied, nämlich wenn man das Daimoku chantet und dabei gegen die Absicht des Sutras verstößt. (...) Nehmen Sie sich diese Lehren zu Herzen und denken Sie immer daran, dass Gläubige des Lotos-Sutras immer die allerletzten sein sollten, die einander beschimpfen. All jene, die den Glauben an das Lotos-Sutra beibehalten, sind ganz gewiss Buddhas, und jemand, der einen Buddha verleumdet, begeht ein schweres Vergehen." (DG 3, 207f.)

8 In *Das Erbe des letztendlichen Gesetzes des Lebens* schreibt der Daishonin: „Alle Schüler und Gläubigen Nichirens sollten Nam-Myoho-Renge-Kyo in Itai Doshin chanten und alle Unterschiede zwischen sich überwinden, um so unzertrennbar zu werden wie Fische und das Wasser, in dem sie schwimmen. Dieses geistige Band ist die Grundlage für die universelle Weitergabe des letztendlichen Gesetzes von Leben und Tod. Hierin liegt das wahre Ziel von meiner, Nichirens, Verbreitung. Wenn Sie so einig sind, kann sich sogar die große Hoffnung für Kosen-rufu ganz sicher erfüllen." (DG 1, 137)

9 In *Das Wahre Wesen des Lebens* schreibt der Daishonin: „Zuerst chantete nur ich, Nichiren, Nam-Myoho-Renge-Kyo, doch dann folgten zwei, drei, hundert, die chanten und andere lehren. Gleichermaßen wird sich die Verbreitung in der Zukunft entwickeln. Ist das nicht gemeint mit ‚aus der Erde hervortreten?'" (DG 1, 38)

Im Gegensatz dazu stehen buddhistische Lehren, die das Gesetz außerhalb des eigenen Lebens ansiedeln. Sie sind oft autoritär oder formalistisch und neigen zu Missachtung bzw. Unterdrückung der Menschen. Sie haben die Tendenz zur Überbetonung von Ritualen und klerikaler Autorität. Die Anhänger dieser Art von Lehren versuchen häufig, ihren Ängsten auf passive Weise, nämlich durch Abhängigkeit von Zeremonien oder von der Priesterschaft, zu begegnen. Diese Lehren machen sich den Umstand zunutze, dass eine der größten Quellen menschlicher Ängste der Tod ist und was ihm folgen mag; daher haben sich derartige buddhistische Schulen in Japan vornehmlich zu Dienstleistern für Beerdigungen und Gedenkfeiern entwickelt, und ihre Lehre ist damit zu einer Art „Begräbnis-Buddhismus" verkommen. Sie bieten den Menschen keine Philosophie, die sie stärkt oder befähigt, ein besseres Leben zu führen.

Makiguchi, der Gründer der Soka Gakkai, unterstrich, dass der Buddhismus Nichiren Daishonins „eine Lehre zur Veränderung des Lebens" ist. Der Glaube an die Existenz des Mystischen Gesetzes im eigenen Leben verleiht uns die Zuversicht, dass wir in diesem Leben ganz sicher glücklich werden und die Buddhaschaft verwirklichen. Glaube bedeutet ebenso, sich aktiv für Kosen-rufu einzusetzen, indem wir den Buddhismus mit anderen teilen – aus der Überzeugung heraus, dass diese Lehre den Schlüssel zu unserem eigenen und dem Glück der anderen enthält. Diese aufrichtige Überzeugung durchdringt die Soka Gakkai und die SGI. Die Größe der Soka Gakkai und der Geist der Einheit von Meister und Schüler der ersten drei Präsidenten zeigen sich glanzvoll in dem schwierigen Unterfangen, die Menschen zu dem ihnen innewohnenden Gesetz zu erwecken.

Toda pflegte zu sagen: „Sie sollten sich entschließen: ‚Ich bin Myoho-Renge-Kyo!'" Das Mystische Gesetz ist eine „hochwirksame Medizin" (LS 16, 228), die die Leiden der ganzen Menschheit lindert. Es ist gleichfalls ein Lagerhaus voller Schätze, das für alle Glück und Wohltaten birgt. Es kommt darauf an, unser Leben vollständig auf Grundlage und in Übereinstimmung mit dem Mystischen Gesetz zu führen und es davon durchdringen und stabilisieren zu lassen.

Unser Alltag besteht aus einer endlosen Abfolge von Problemen. Doch mit dem festen Glauben, dass unser Leben Myoho-Renge-Kyo ist, können wir alles mit der unerschütterlichen Überzeugung angehen, sämtliche Widrigkeiten überwinden zu können, und unter allen Umständen glücklich werden. Wenn wir uns den tiefen Glauben bewahren „mein Leben ist Myoho-Renge-Kyo", können wir uns jeder Schwierigkeit mutig entgegenstellen. Der Schlüssel zu einem siegreichen Leben liegt in der Frage, ob wir diesen Mut aufbringen können oder nicht. Weichen wir den Schwierigkeiten nicht länger ängstlich aus, sondern suchen wir mutig die Herausforderung!

Unabhängig von den Hindernissen, die uns im Verlauf unserer Ausübung begegnen mögen, dürfen wir auch nicht einen einzigen Schritt zurückweichen. Schwierigkeiten sollten uns nicht ängstigen oder verwirren. Die Kraft des Mystischen Gesetzes, Myoho-Renge-Kyo, kann alles besiegen. Diese tiefe Überzeugung ist sehr wichtig.

Wenn wir Probleme fürchten, uns darüber beklagen oder unsere Umgebung ablehnen, zeugt das von dem Glauben, dass sich das Gesetz außerhalb unseres Lebens befindet. Das gilt auch für den Fall, dass wir das Vertrauen in unsere Fähigkeit verlieren, mit unseren Umständen fertig zu werden, uns anderen in der Hoffnung zuwenden, dass sie uns erlösen mögen, oder wir anderen die Schuld für unsere Probleme geben und in Hoffnungslosigkeit und Resignation verfallen.

Wenn uns Schwierigkeiten begegnen, müssen wir sie – so sehr sie uns auch plagen – doch klar als Hindernisse oder teuflische Funktionen erkennen und sie rückhaltlos bekämpfen. Das ist die Lebensweise derjenigen, die Nam-Myoho-Renge-Kyo chanten und ihr Leben dem Mystischen Gesetz widmen. Der Daishonin sagt: „... denken Sie außerdem daran, dass ich immer gesagt habe, dass Nichirens Schüler nichts erreichen können, wenn sie feige sind." (DG 4, 123) In diesem Sinne wollen wir alle Feigheit ablegen und Mut zu unserer stärksten Eigenschaft machen.

Menschen mutigen Glaubens können die dunklen Wolken aus Angst, Unwissenheit und Illusionen vertreiben; sie können in ihrem Leben die Sonne des Mystischen Gesetzes aufgehen und die schönen Lotos-Blumen des Mystischen Gesetzes, Myoho-Renge, erblühen lassen.

Toda gab den Mitgliedern der Junge-Frauen-Abteilung in den Anfangstagen unserer Bewegung folgende Führung: „Seien Sie stolz darauf, dass Ihr Leben mit dem des Buddhas im Späten Tag übereinstimmt. Siegen Sie mit einer aufrechten Haltung. Sie dürfen sich niemals selbst herabsetzen!"

Ausgangspunkt des Buddhismus Nichiren Daishonins ist die Erkenntnis, dass der erhabene Lebenszustand der Buddhaschaft in jedem von uns existiert. Diese Lehre ermöglicht uns, die tiefstmögliche innere Veränderung zu vollziehen – eine Veränderung unserer grundlegenden Einstellung und Denkweise. Daher betont der Daishonin die Bedeutung von Herz und Geist. Er schreibt: „Ob Sie den Namen des Sutras chanten, das Sutra rezitieren oder auch nur Blumen und Räucherstäbchen darbringen, alle Ihre tugendhaften Handlungen pflanzen den Nutzen und das dauerhafte Glück in Ihr Leben hinein. Mit dieser Überzeugung sollten Sie Ihren Glauben in die Tat umsetzen." (DG 1, 44) Alle unsere Bemühungen im Glauben, einschließlich unseres regelmäßigen Morgen- und Abendgongyos und sämtlicher Soka-Aktivitäten, sind tugendhafte Handlungen, die „den Nutzen und das dauerhafte Glück in Ihr Leben hineinpflanzen". Wer mit diesem starken Bewusstsein vorangeht, wird als wahrer Sieger den direkten Weg zur Verwirklichung der Buddhaschaft in diesem Leben einschlagen. Indem wir stets die großartige Philosophie Nichiren Daishonins beibehalten, die sich in den Worten „der Glaube ist es, worauf es ankommt" niederschlägt, können wir ein außergewöhnliches und siegreiches Leben führen.

5.
„Mutig und mit ganzer Kraft“ Daimoku chanten – durch tägliche Herausforderung das Leben polieren

Der Weg der inneren Wandlung steht allen Menschen offen

Wer in seinem Herzen Wahrheitsliebe und Gerechtigkeitssinn erstrahlen lässt, wird nicht einmal in größten Schwierigkeiten die Hoffnung verlieren, sondern wie ein Leuchtfeuer die Dunkelheit menschlichen Leidens erhellen und anderen Inspiration, Sicherheit und Mut vermitteln.

Wenn wir uns ändern, ändert sich die Welt. Der Schlüssel hierzu liegt in unserer inneren Wandlung – einer Veränderung von Herz und Geist, unserer menschlichen Revolution. Wir alle haben die Kraft, uns zu ändern. Sobald wir das als Wahrheit erkennen, können wir diese Kraft an jedem Ort, zu jeder Zeit und in jeder Situation aufbringen.

Der Buddhismus Nichiren Daishonins, der auf dem Lotos-Sutra und den darin erläuterten Prinzipien der Veränderung aufbaut, hat diesen großartigen Weg der inneren Wandlung mit dem Chanten von Nam-Myoho-Renge-Kyo als Kernausübung allen Menschen zugänglich gemacht.

Ich möchte heute den Abschnitt erörtern, in dem der Daishonin diese Grundeinstellung und den Ansatz seiner grundlegenden Praxis des Chantens von Daimoku umreißt.

Die eigene Veränderung und die Veränderung des Landes

„Zum Beispiel sagt das Jomyo-Sutra, des Buddhas Erleuchtung ist im menschlichen Leben zu finden und zeigt folglich, dass die gewöhnlichen Sterblichen die Buddhaschaft erlangen können und die Leiden von Geburt und Tod in das Nirwana umgeformt werden können. Es besagt weiterhin, wenn die Herzen der Menschen unrein sind, so ist auch ihr Land unrein,

sind aber ihre Herzen rein, so ist es auch ihr Land. Es gibt nicht zwei Arten Länder, reine und unreine. Der Unterschied liegt einzig im Guten und Bösen unserer Herzen.
Das Gleiche gilt für einen Buddha und einen gewöhnlichen Sterblichen. Solange jemand in Illusionen lebt, nennt man ihn einen gewöhnlichen Sterblichen, doch erst erleuchtet, nennt man ihn einen Buddha. Auch ein blinder Metallspiegel wird wie ein Juwel glänzen, wenn er poliert ist. Ein Herz, das gegenwärtig von Illusionen verdunkelt wird, die aus der eingeborenen Dunkelheit des Lebens stammen, gleicht dem blinden Metallspiegel, aber ist er erst poliert, so wird er klar und zeigt die Erleuchtung der unveränderlichen Wahrheit. Rufen Sie tiefen Glauben in sich hervor und polieren Sie Ihren Spiegel Tag und Nacht. Wie sollten Sie ihn polieren? Nur durch das Chanten von Nam-Myoho-Renge-Kyo." (DG 1, 44)

Wie ich bereits ausführlich behandelt habe, existiert der Buddhismus in seiner Gesamtheit innerhalb unseres Lebens. Ebenso liegt der Schlüssel zur Verwirklichung der Buddhaschaft – zur letztendlichen Transformation unseres Lebenszustandes – in einer Veränderung unseres Herzens und Geistes.

Zur Veranschaulichung dieses Punktes zitiert der Daishonin das Vimalakirti-[Jomyo-]Sutra[1], das er folgendermaßen zusammenfasst: „(…) des Buddhas Erleuchtung ist im menschlichen Leben zu finden und zeigt folglich, dass die gewöhnlichen Sterblichen die Buddhaschaft erlangen können und die Leiden von Geburt und Tod in das Nirwana umgeformt werden können." (DG 1, 44) „Dass die gewöhnlichen Sterblichen die Buddhaschaft erlangen können" bedeutet, dass die Weisheit zur Verwirklichung der Buddhaschaft (Erleuchtung) sich im Leben gewöhnlicher Menschen zeigt, die in irdische Begierden verstrickt sind. Wenn es weiter heißt, dass „die Leiden von Geburt und Tod in das Nirwana umgeformt werden können"[2], verweist auch dies auf den Lebenszu-

1 Vimalakirti-Sutra: Ein Sutra des Mahayana über Vimalakirti, einen wohlhabenden und bekannten Bürger der Stadt Vaishali zur Zeit Shakyamunis. Das Sutra stellt Vimalakirti als den idealen Laiengläubigen des Mahayana dar. Das Sanskrit-Original des Sutras ist nicht mehr vorhanden; es existieren drei chinesische Übersetzungen, wobei die Fassung von Kumarajiva die gebräuchlichste ist.

2 Der Daishonin fasst hier Abschnitte des Vimalakirti-Sutras und die Anmerkungen Tiantais hierzu zusammen. Das 5. Kapitel *Die Tröstung des Kranken* enthält folgenden Dialog: „Wie ist die Befreiung der Buddhas zu finden?" fragte Manjushri. „Sie ist in Herz und Geist (…) aller Lebewesen zu finden", entgegnete Vimalakirti. The Vimalakirti-Sutra, Übers. von Burton Watson nach der chinesischen Übersetzung Kumarajivas, New York, Columbia University Press, 1997, S. 66
Tiantai schreibt in *Große Konzentration und Einsicht*: „Nach dem Vimalakirti-Sutra ist die Befreiung des Tathagatas in Herz und Geist aller Lebewesen zu finden. Da Lebewesen die Erleuchtung in sich

stand des Buddhas, der sich trotz der Leiden aus Geburt und Tod als Zustand wahren Friedens und Ruhe – dem Nirwana – im Leben gewöhnlicher Menschen äußert. Hier erklärt der Daishonin, dass Buddhas und gewöhnliche Menschen nicht durch eine unüberwindliche Kluft voneinander getrennt sind; der Unterschied zwischen beiden besteht alleine darin, dass die Herzen gewöhnlicher Sterblicher von Illusionen verdunkelt sind. (vgl. DG 1, 44) Der Daishonin führt hier auch den Abschnitt aus dem Vimalakirti-Sutra an, der den Unterschied zwischen reinen und unreinen Ländern erläutert. Diese Passage – die der Daishonin mit den Worten „wenn die Herzen der Menschen unrein sind, so ist auch ihr Land unrein, sind aber ihre Herzen rein, so ist es auch ihr Land" zusammenfasst[3] – stellt klar, dass es nicht zwei verschiedene Arten von Ländern gibt. Der einzige Unterschied zwischen reinen und unreinen Ländern liegt nach seiner Ansicht „im Guten und Bösen unserer Herzen". Dieser Auffassung zufolge existiert „das reine Land" nicht in einem jenseitigen Bereich sondern in der realen Welt und wird von Menschen erreicht, die eine innere Wandlung erfahren haben. Es handelt sich um eine dynamische und pragmatische Sicht des reinen Landes, die auf der Idee der „Reinigung des Buddhalandes" des Lotos-Sutras basiert (LS 4, 81).

Dieses Zitat aus dem Vimalakirti-Sutra stammt aus dem 5. Kapitel *Die Tröstung des Kranken*. Es schildert den Austausch zwischen Vimalakirti, einem hervorragenden Laiengläubigen und Ausübenden des Bodhisattva-Weges, und Manjushri, einem der bedeutendsten Schüler Shakyamunis, der ihn besucht. Nach der Ursache seiner Krankheit gefragt, antwortet Vimalakirti: „Weil alle Wesen krank sind, bin auch ich krank."[4] Dies ist ein bekannter Abschnitt, der die grundlegende Haltung eines Bodhisattvas offenbart, der die Leiden anderer wie seine eigenen annimmt.

Vimalakirti führt weiter aus, dass alle Bodhisattvas sich dafür entschieden haben, inmitten der von Illusionen geplagten Lebewesen geboren zu werden und deren Leiden aus Geburt und Tod zu teilen, um sie zu unterweisen und zur

verkörpern, kann man sie nicht erwerben. Weil [Geburt und Tod der] Lebewesen Nirwana sind, können sie [Geburt und Tod] nicht ausgelöscht werden. Befreiung existiert bereits im Herz des Einzelnen und im Herzen aller, ebenso wie auch alle Phänomene sich im Einzelnen und in allen zeigen."

3 Diese Zusammenfassung geht auf diesen Absatz des Vimalakirti-Sutras zurück: „Wenn das Herz rein ist, wird auch das Buddhaland rein sein."

4 Vimalakirti sagt: „Weil alle Wesen krank sind, bin ich krank. Und warum? Ein Bodhisattva nimmt um aller Lebewesen willen Geburt und Tod auf sich; wo Geburt und Tod sind, da ist auch immer Krankheit: Wären alle Wesen frei von Krankheit, so wäre auch beim Bodhisattva keine Krankheit mehr." Zitat aus Dennis Lingwood: *Das Buddhawort*, Essen 1985, S. 218

Erleuchtung zu führen. Da die Bodhisattvas außerdem einen reinen Erleuchtungszustand in sich errichtet haben, lassen sie sich niemals vom Leid überwältigen oder ins Schwanken bringen.

Diese Passagen aus dem Vimalakirti-Sutra erläutern also die Bedeutung von Buddhaschaft und dem reinen Land aus der Sicht eines Ausübenden des Bodhisattva-Weges, der die Realität seines Alltags bewältigen muss. Der Daishonin zieht daraus den Schluss: „Solange jemand in Illusionen lebt, nennt man ihn einen gewöhnlichen Sterblichen, doch erst erleuchtet, nennt man ihn einen Buddha." (DG 1, 44) Anders gesagt besteht der Unterschied zwischen gewöhnlichen Menschen und einem Buddha lediglich in dem Zustand der Illusion bzw. Erleuchtung im Herzen gewöhnlicher Menschen. Wie aber können wir Illusionen in Erleuchtung verwandeln?

Im vorgehenden Abschnitt erklärt der Daishonin, dass sich bei einer Veränderung des menschlichen Herzens auch die äußere Umgebung bis hin zum ganzen Land verändern kann. Diesem Prozess liegt eine Transformation von Illusion in Erleuchtung zugrunde.

Wie ich bereits früher erörtert habe, wird dieser Wandel durch Daimoku und – auf spiritueller Ebene – durch Glauben möglich. Mit dem Glauben können wir die Unwissenheit oder Dunkelheit, die Wurzel unserer Illusionen, überwinden, und die Buddhaschaft zum Vorschein bringen, mit der wir alle ursprünglich ausgestattet sind.

Der Daishonin gebraucht hier eine Metapher, um diese grundlegende Fähigkeit zur Veränderung zu beschreiben: „Auch ein blinder Metallspiegel wird wie ein Juwel glänzen, wenn er poliert ist." (DG 1, 44) Hier wird deutlich, dass wir mit unserer Ausübung, dem Chanten von Daimoku, über ein Mittel zur Bekämpfung unserer inneren Dunkelheit durch Glauben verfügen, mit dem wir unser Leben polieren können.

Alle Lebewesen sind selbst Wesenheiten des Mystischen Gesetzes. Der Lebenszustand der Buddhaschaft ermöglicht uns, von innen heraus frei und ungehindert die grenzenlose Kraft des Mystischen Gesetzes zu entfalten, wann und wie sie auch immer benötigt wird. Der Daishonin vergleicht diesen erhabenen Lebenszustand mit einem klaren Spiegel, der wie ein Juwel glänzt. Denn trotz unserer Natur als Wesenheiten des Mystischen Gesetzes kann die Kraft dieses Gesetzes nicht in uns wirken, wenn unser Leben von Unwissenheit verdunkelt ist. In diesem Zustand der Umnachtung sind wir wie ein „blinder Spiegel", der nichts reflektieren kann. Das Chanten von Daimoku ist die Ausübung, den blinden Spiegel unseres Lebens zu polieren.

Wie wir unser Leben polieren können: 1. Mutige Herausforderung

Zur Ausübung des Chantens als Ausübung, unser Leben zu polieren, sagt der Daishonin:

> *„Ein Herz, das gegenwärtig von Illusionen verdunkelt wird, die aus der eingeborenen Dunkelheit des Lebens stammen, gleicht dem blinden Metallspiegel, aber ist er erst poliert, so wird er klar und zeigt die Erleuchtung der unveränderlichen Wahrheit. Rufen Sie tiefen Glauben in sich hervor und polieren Sie Ihren Spiegel Tag und Nacht. Wie sollten Sie ihn polieren? Nur durch das Chanten von Nam-Myoho-Renge-Kyo.“* (DG 1, 44)

Die Metapher des Spiegels ist wirklich geistreich. Wie es die Eigenschaft des Spiegels ist, Bilder zu reflektieren, hat unser Leben die Eigenschaft, dass es die mystische Wahrheit in sich birgt. Wird ein Spiegel jedoch nicht poliert, wird er mit der Zeit beschlagen oder blind. Da zu Zeiten des Daishonins die Spiegel aus Bronze bestanden, geschah dies sehr schnell. Da ein blinder Spiegel jedoch seine ursprüngliche Funktion nicht mehr erfüllt, muss er regelmäßig poliert werden. Übertragen auf uns selbst bedeutet dies: Vernachlässigen wir unser Leben und versäumen es, bestimmte Werte zu kultivieren, wird unser Herz von Unwissenheit verdunkelt. Will man die reflektierende Eigenschaft eines Spiegels erhalten, ist der Vorgang des Polierens unabdingbar; putzt man ihn allerdings nur ein einziges Mal, wird das nicht ausreichen. Wir müssen den Spiegel ständig polieren, um seine Reflexionskraft zu bewahren. Wie dieses Bild treffend verdeutlicht, ist das Chanten von Daimoku eine Ausübung in dem Bemühen, unser Leben zu polieren, dadurch den Staub der Unwissenheit wegzuwischen und den Glanz unserer erleuchteten Dharmanatur zu steigern.

Die Ausübung, unser Leben zu polieren, beinhaltet zwei Aspekte. Wie uns der Daishonin ermahnt (DG 1, 44) dient sie einerseits dazu, einen tiefen Glauben zu entwickeln. Man könnte auch sagen, dass wir einen starken Kampfgeist in uns erwecken müssen, ohne den die Überwindung unserer inneren Dunkelheit nicht gelingt. Der andere Aspekt betrifft die Beständigkeit unserer Bemühungen in Übereinstimmung mit der Aufforderung des Daishonins: „(...) polieren Sie Ihren Spiegel Tag und Nacht.“ (DG 1, 44)

Diese beiden Punkte entsprechen den beiden Aspekten des Chantens von Daimoku, die Nichikan Shonin mit folgenden Worten aus dem Kapitel *Hilfs-*

mittel des Lotos-Sutras (2. Kapitel) aufzeigte, „er hat sich mutig und mit ganzer Kraft eingesetzt." (LS 2, 23; jap. *yumyo shojin*) Nichikan, der bekanntlich entscheidend zur Bewahrung des Nichiren-Buddhismus beitrug, erläutert die Bedeutung von „mutig und mit ganzer Kraft" als mutig Glauben hervorzurufen durch das Chanten von Daimoku, während „sich einsetzen" (*shojin*) bedeute, sich aufrichtig und beständig beim Chanten zu bemühen.[5]

Beim Chanten von Daimoku ist zunächst wichtig, sich herauszufordern und mutig zu handeln. Dies heißt, gemäß der Worte des Daishonins aus dem Innersten unseres Lebens tiefen Glauben hervorzurufen und darauf zu vertrauen, dass wir aus uns selbst die mystische Wahrheit und die uns innewohnende Buddhaschaft zum Vorschein bringen und ganz sicher die Erleuchtung in diesem Leben erlangen können. Das bedeutet auch, uns unmittelbar mit den drei Hindernissen und den vier Teufeln auseinanderzusetzen, die uns vom Chanten abhalten wollen. Wir brauchen die Einstellung, uns furchtlos und unermüdlich den verschiedenen Arten von Schwierigkeiten zu stellen, die auf uns einstürmen, und sie zu überwinden. Denn gerade durch Herausforderung, Bekämpfung und Überwindung der Unwissenheit können wir unser Leben polieren.

Wie wir unser Leben polieren können: 2. Beständigkeit

Auch die Beständigkeit ist eine überaus wichtige Eigenschaft; sie ist wesentlich für die Verwirklichung der Buddhaschaft in diesem Leben. Der Daishonin sagt: „Anzunehmen ist einfach, beizubehalten ist schwierig. Aber den Glauben stetig fortzusetzen, führt zur Buddhaschaft." (DG 1, 47) Auch aus *Über die Verwirklichung der Buddhaschaft in diesem Leben* geht die Bedeutung der Kontinuitat hervor, denn der Daishonin betont wiederholt die Notwendigkeit,

5 In *Die Auslegung des Textes nach seiner wesentlichen Bedeutung, einer Abhandlung aus Schriften in sechs Bänden*, schreibt Nichikan Shonin: „Sie sollten verstehen, dass ‚sich mutig und mit ganzer Kraft einsetzen' (vgl. LS 2, 23, jp. *yumyo shojin*) sich auf den Glauben und das Chanten von Daimoku bezieht. Es bedeutet daher das Chanten des Daimokus der wesentlichen Lehre. ‚Mutig und mit ganzer Kraft' bezieht sich auf den Glauben. Ein Kommentar [zum Lotos-Sutra] führt daher aus: ‚*Yu* (mutig) bedeutet mutige Handlung; *myo* (mit ganzer Kraft) bedeutet, seine ganze Weisheit aufzuwenden. Daher heißt ‚mutig und mit ganzer Kraft' mutig die äußerste Kraft des Glaubens aufzubringen. *Shojin* (sich einsetzen) meint die Praxis des Chantens von Daimoku. In einem Kommentar heißt es daher: „*Sho* (rein) bedeutet ‚unverfälscht'; *jin* (Anstrengung) bedeutet ‚unaufhörlicher Fortschritt.'"

„Tag und Nacht" zu praktizieren. Die Praxis des Chantens von Daimoku fortgesetzt beizubehalten, ist unabdingbare Voraussetzung für die Verwirklichung der Buddhaschaft.

Der Daishonin schreibt: „Leiden Sie, worunter man leiden muss, und freuen Sie sich, worüber man sich freuen kann. Betrachten Sie Leiden und Freude als Tatsache des Lebens und chanten Sie unter allen Umständen weiter Nam-Myoho-Renge-Kyo. Dann werden Sie die grenzenlose Freude des Gesetzes erleben." (DG 1, 23) Wir müssen also sowohl in Zeiten der Freude wie auch in Zeiten des Leids fortfahren, Daimoku zu chanten. Die Betonung liegt hier auf „fortfahren", und es ist entscheidend, dies durch Zeiten von „Leiden und Freude" hindurch zu tun. Wir dürfen nicht nachlassen, sobald wir Leid erfahren. Wir sollten „leiden, worunter man leiden muss". Das bedeutet weder Resignation noch Flucht. Wir müssen unseren Blick fest auf die Realität richten und sie auf der Grundlage von Daimoku tapfer herausfordern. Der Daishonin erklärt dies zur einzig richtigen Haltung für einen Ausübenden des Mystischen Gesetzes. Im Buddhismus Nichiren Daishonins richtet sich der Glaube unablässig auf die Veränderung der Realität. Natürlich entsteht ein solcher Lebenszustand nicht von einem Tag auf den anderen. Doch wenn wir uns beharrlich und gewissenhaft bemühen, uns Tag für Tag, Monat für Monat und Jahr für Jahr zu „polieren", werden wir diesen Lebenszustand zweifellos ganz natürlich erreichen. Unser Leben selbst wird so zu einem Spiegel der Worte des Lotos-Sutras: „Diese Anhäufung von unübertroffenen Juwelen ist zu uns gekommen, ohne dass wir sie gesucht haben." (LS 4, 87)[6]

Die Zeile „freuen Sie sich, worüber man sich freuen kann" (DG 1, 23) dürfen wir folgendermaßen verstehen: Wenn wir Freude erleben, sollten wir uns darauf besinnen, dankbar zu sein. Wir sollten uns dann sogar noch stärker bemühen, Daimoku zu chanten, um das letztendliche Ziel der Verwirklichung der Buddhaschaft in diesem Leben zu erreichen. Den suchenden Geist im Glauben zu verstärken, fällt in guten Zeiten wesentlich schwerer als in schlechten, denn in guten Zeiten wird man nachlässig und selbstzufrieden. Vermeiden wir jemand zu sein, der nur bei Schwierigkeiten stark ist, jedoch schwach wird, wenn alles gut läuft. Stattdessen sollten wir einen unbeirrbaren Glauben entwickeln, der uns „Leiden und Freude als Tatsachen des Lebens [betrachten]" (DG 1, 23) lässt.

6 Diese Worte sind ein freudiger Ausruf der Shravakas unter Shakyamunis Schülern, als sie erfahren, dass auch sie die Buddhaschaft erlangen können, was ihnen bis dahin verwehrt war.

Durch unsere Praxis als Mitglieder der Soka Gakkai schmieden wir einen solch starken Glauben, denn wir streben nach dem erhabenen Ziel von Kosenrufu und der eigenen Erleuchtung in dieser Existenz. Das Chanten von Nam-Myoho-Renge-Kyo – der Vorgang, durch den wir „unseren Spiegel Tag und Nacht polieren" (vgl. DG 1, 44) – stärkt unser Leben ebenso, wie ein hervorragendes Schwert im Feuer erhitzt und geschmiedet wird. Der springende Punkt ist das „Chanten mit Kampfgeist" in Zeiten des Leids und das „Chanten mit Dankbarkeit" in Zeiten der Freude.

„Beständigkeit" ist ein anderer Ausdruck für „kein Rückschritt". Wie ein roter Faden zieht sich durch die Schriften Nichiren Daishonins seine Aufforderung, keinen Rückschritt zuzulassen. Dazu einige Zitate:

> *„Jemand, der (...) Daimoku chantet, ist der Gesandte des Buddhas. Jemand, der große Verfolgungen übersteht und das Sutra vom Anfang bis zum Ende annimmt und beibehält, ist ebenfalls ein Gesandter des Buddhas."* (DG 3, 288)

> *„Verstärken Sie Ihren Glauben Tag für Tag und Monat für Monat. Sollten Sie auch nur ein wenig in ihrem Glauben nachlassen, werden Dämonen dies ausnutzen."* (DG 1, 179)

> *„Bleiben Sie bis zum Ende bei Ihrem Glauben an das Lotos-Sutra! Sie können kein Feuer aus einem Feuerstein schlagen, wenn Sie dabei auf halbem Wege aufhören!"* (DG 2, 214)

Ohne den Kampf gegen die Unwissenheit oder Dunkelheit und den Sieg über diese Tendenzen, können wir das wahre Wesen der Phänomene oder die Dharmanatur nicht zum Vorschein bringen. Nur wenn wir diesen Kampf unaufhörlich führen, können wir einen unerschütterlichen Lebenszustand errichten, der mit unserer Dharmanatur übereinstimmt – den Lebenszustand der Buddhaschaft. Denn wenn wir „auch nur ein wenig im Glauben nachlassen" (DG 2, 214), wie der Daishonin schreibt, werden wir anfällig für teuflische Einflüsse.

Entwickeln wir unseren Glauben beständig weiter, werden unweigerlich auch die drei Hindernisse und vier Teufel auftreten. Indem wir diese besiegen, errichten wir den Lebenszustand der Buddhaschaft. Wenn wir mit der Praxis des Chantens von Daimoku unser Leben auf dieser grundlegenden Ebene polieren, werden wir in jeder Richtung unseres Lebens ein unbegrenztes spirituelles Wachstum erfahren.

„Nam-Myoho-Renge-Kyo ist eine reine und konzentrierte Ausübung“

Der Daishonin setzte sich dafür ein, den erhabenen inneren Zustand der Verwirklichung der Buddhaschaft in diesem Leben mit allen seinen Anhängern – und sogar mit der ganzen Menschheit zu teilen. Das wirklich Großartige an der Praxis des Chantens von Nam-Myoho-Renge-Kyo ist, dass sie jedem Menschen ermöglicht, denselben Lebenszustand wie der Buddha hervorzubringen und der eigenen Existenz unübertroffenen Tiefgang und Sinn zu verleihen. Dies geht deutlich aus dem folgenden, bekannten Absatz der *Aufzeichnung der mündlich überlieferten Lehren* hervor:

> „*Wenn wir in einem einzigen Lebensmoment die unbegrenzte Bemühung von Millionen Kalpas machen, werden Augenblick für Augenblick die drei Körper des Buddhas*[7] *in uns erscheinen, mit denen wir auf ewig ausgestattet sind. Nam-Myoho-Renge-Kyo ist eine solch reine und konzentrierte Ausübung.*“ (OTT, 214)

Seitdem der zweite Präsident der Soka Gakkai, Josei Toda, mir in meiner Jugend diesen Abschnitt erläuterte, habe ich ihn zu meinem persönlichen Motto gemacht, an das ich mich mein Leben lang gehalten habe. Bei allen meinen Bemühungen hatte ich stets diese Worte im Sinn.

Das 15. Kapitel des Lotos-Sutras *Hervortreten aus der Erde* beschreibt, wie zahllose Bodhisattvas aus der Tiefe empor kommen: das Erscheinen der Bodhisattvas aus der Erde. Es schildert, wie sie in dem leeren Raum unterhalb der Saha-Welt lebten und dort beständig und gewissenhaft nach dem Buddhaweg suchten. (LS 15, 219) Das erwähnte Zitat aus der *Aufzeichnung der mündlich überlieferten Lehren* erläutert aus Sicht des Nichiren-Buddhismus, wie gewissenhaft und unermüdlich ihre Ausübung war.

7 *Die drei Körper des Buddhas*: der Dharmakörper, der ausgestattete Körper und der manifeste Körper. Der Dharmakörper ist die grundlegende Wahrheit bzw. das Gesetz, wozu der Buddha erleuchtet ist. Der ausgestattete Körper ist die Weisheit, dieses Gesetz zu erkennen. Der manifeste Körper bezeichnet die mitfühlenden Handlungen des Buddhas, um alle Menschen zum Glück zu führen.

Wer sich gewissenhaft bemüht, den Buddhaweg zu finden, wird wie von selbst den Lebenszustand des Buddhas, der auf ewig mit den drei Körpern ausgestattet ist – d. h. die innewohnende Buddhaschaft –, verwirklichen. Das ist der Kern des Buddhismus Nichirens.

Wenn wir Daimoku chanten, als ob wir die beschwerlichen Anstrengungen unzähliger Äonen auf einen einzigen Moment konzentrieren wollten – „in einem einzigen Lebensmoment die Schmerzen und Qualen aus Millionen Kalpas auf uns nehmen" – dann wird Augenblick für Augenblick der Lebenszustand des Buddhas in uns erscheinen, der auf ewig mit den drei Körpern ausgestattet ist, d. h. unsere Buddhaschaft.

Nam-Myoho-Renge-Kyo ist eine reine und konzentrierte Ausübung. Tiefen Glauben zu entwickeln und beharrlich Daimoku zu chanten, erfordert in der Tat stetes und unablässiges Bemühen. Eine konzentrierte und beständige Ausübung unseres Glaubens wird uns zur Verwirklichung der Buddhaschaft in diesem Leben führen. Eine solche Anstrengung wird die uns innewohnende Buddhaschaft – den Buddha, der auf ewig mit den drei Körpern ausgestattet ist – in Form von unerschöpflichem Mut, Beharrlichkeit, Freude, Weisheit und Mitgefühl hervorströmen lassen.

Gebet für das Erscheinen von mutigen und kraftvollen jungen Menschen

Sich anzustrengen erfordert Mut und ganze Kraft. Wirkliche Anstrengung ohne Einsatz von Mut und Kraft ist unmöglich. Auch das Leben des ersten Präsidenten der Soka Gakkai, Tsunesaburo Makiguchi, war geprägt von tapferen und energischen Unternehmungen. Einmal sagte er, an die jungen Leute gerichtet: „Bemüht euch tapfer und mit ganzer Kraft. Buddhismus bedeutet, aktiv zu werden und sich ständig einzusetzen. Nach diesem Prinzip handle auch ich, ungeachtet meines Alters." Josei Toda bemerkte einmal gegenüber der Jugend: „Junge Menschen, die sich das Glück der Menschheit wünschen, sollten zu allererst das Wesen der Philosophie der menschlichen Revolution ergründen und sich selbst tapfer und mit ganzer Kraft einsetzen, um alle Erscheinungsformen der *Drei starken Feinde* sowie der *drei Hindernisse und vier Teufel* zu bekämpfen und zu besiegen."

Genauso empfinde ich auch. Ich bete jeden Tag aus ganzem Herzen für das Erscheinen mutiger und kraftvoller Schüler, einer mutigen und kraftvollen Jugend, auf der ganzen Welt. Sich mutig und mit ganzer Kraft einzusetzen, ist wahrlich das Kennzeichen der Meister-Schüler-Beziehung in der Soka Gakkai.

Daimoku ist die Triebkraft für Fortschritt, die Triebkraft für Sieg. Jede Herausforderung sollte mit dem Gebet beginnen. Niemand ist einem Menschen ebenbürtig, der beständig chantet. Chanten wir morgens und abends weiterhin gewissenhaft Daimoku. Auf diese Weise werden wir uns innerlich polieren und in unserem Leben einen Sieg nach dem anderen erringen.

6.
Das mystische Wesen unseres Lebens – „Werden Sie zum Meister Ihres Herzens anstatt sich von Ihrem Herzen beherrschen zu lassen“

„Allein das Herz ist es, worauf es wirklich ankommt“ (vgl. DG 1, 57 – dort übersetzt mit „Glaube“) schreibt Nichiren Daishonin. Unser Herz, unser Geist sind wahrhaft erstaunlich und unbegreiflich. Unser Innerstes, unser Geist lässt sich unendlich weit ausdehnen und vertiefen. Unser Herz kann ungehindert gewaltige Freude empfinden, ein Hochgefühl, als ob wir uns frei in den unendlichen, blauen Himmel erhöben. Wie die klare, helle Sonne, die alles gleichmäßig in ihr Licht taucht, kann das Herz alle Leidenden mit Wärme und Mitgefühl umfangen. Angesichts von Ungerechtigkeit kann das Herz mitunter auch zornig erzittern und das Böse besiegen. Wie das Bühnenbild eines Theaterstückes oder wechselnde Landschaftsszenerien bei einer Reise, verändern sich unser Herz und Geist in der Tat ständig. Nichts ist dabei erstaunlicher als unsere Fähigkeit, aus unserem Herzen die Welt der Buddhaschaft zum Vorschein zu bringen. Selbst Menschen, die von Illusionen und Leiden niedergedrückt werden, können aus der Tiefe ihres Lebens den Zustand der Buddhaschaft hervorbringen – einen Zustand, als ob sie mit dem Universum verschmölzen. Dieses grandiose Schauspiel der Wandlung ist das größte Wunder überhaupt.

Aus Sicht des Buddhismus sind alle Menschen absolut wertvoll und verfügen über ein Potenzial zu großer Veränderung. Wenn wir das Daimoku von Myoho-Renge-Kyo chanten und damit unser Leben polieren, können wir den Lebenszustand der Buddhaschaft in uns erschließen. Selbst ein zutiefst verdorbenes und böses Land kann dadurch in ein reines Land verwandelt werden, egal wie tief wir in Illusionen befangen sein mögen. Zu dieser Schlussfolgerung kommt der Daishonin in *Über die Verwirklichung der Buddhaschaft in diesem Leben*.

Myoho-Renge-Kyo ist der Name der „mystischen Wahrheit, die schon immer in Ihrem Leben vorhanden war“ (DG 1, 43). Durch die Praxis des Chantens von Nam-Myoho-Renge-Kyo können wir demnach unsere innere Buddhaschaft offenbaren und unser Herz polieren, denn „ein Herz, das gegenwärtig von Illusionen verdunkelt wird, die aus der eingeborenen Dunkelheit des Lebens stammen, gleicht dem blinden Metallspiegel, aber ist er erst poliert, so wird er klar und zeigt die Erleuchtung der unveränderlichen Wahrheit". (DG 1, 44) Wenn wir also zu der mystischen Wahrheit in unserem Inneren vordringen, können wir unser unendliches inneres Potenzial erschließen. Der Lebenszustand der Buddhaschaft ist eins mit Myoho-Renge-Kyo, der uns ursprünglich innewohnenden mystischen Wahrheit. Nam-Myoho-Renge-Kyo ist zugleich der Name dieses unübertroffenen Lebenszustandes.

Der Abschnitt, den wir heute besprechen, erläutert die Beziehung zwischen Myoho-Renge-Kyo und dem Geist der Lebewesen in Bezug auf die Elemente *Myo, Ho, Renge* und *Kyo*. Diese Erklärung entspricht einer Beschreibung des Vorgangs, durch den unser Leben mit Myoho-Renge-Kyo verschmilzt und den Zustand der Buddhaschaft manifestiert. Wir wollen nun die tiefe Bedeutung dieses Absatzes untersuchen.

Das Herz ist das mystische Wesen des Mittleren Weges, die Wirklichkeit aller Dinge

„Was hat dann Myo zu bedeuten? Es ist einfach das geheimnisvolle Wesen unseres Lebens, das in jedem Augenblick existiert und das der Geist nicht begreifen und Worte nicht ausdrücken können. Wenn Sie in jedem beliebigen Moment Ihren eigenen inneren Zustand betrachten, dann nehmen Sie weder Farbe noch Form wahr, die bestätigen können, dass es ihn gibt. Und doch können Sie nicht sagen, er existiere nicht, da Ihnen andauernd verschiedene Einfälle kommen. Leben ist in der Tat die kaum fassbare Wirklichkeit, die sowohl über die Worte als auch über die Konzepte von Existenz und Nichtexistenz hinausreicht. Es ist weder Existenz noch Nichtexistenz, doch entfaltet es die Qualitäten von beidem. Es ist das mystische Wesen des Mittleren Weges, die Wirklichkeit aller Dinge. Myo ist der Name für das mystische Wesen des Lebens, und Ho für seine Manifestationen. Renge, die Lotosblume, symbolisiert das Wunderbare dieses Gesetzes. So wie Sie erkennen, dass Ihr eigenes Leben das Mystische Gesetz ist, werden Sie erkennen, dass auch das Leben aller anderen so ist. Dieses Erkennen ist das mystische Kyo, Sutra. Das ist der König der Sutras, der direkte Weg zur

Erleuchtung, denn es erklärt, dass das Wesen unseres Selbst, dem Gutes wie Böses entspringt, in der Tat das Wesen des Mystischen Gesetzes ist.“ (DG 1, 44f.)

Eingangs sagt der Daishonin, dass *Myo* von Myoho-Renge-Kyo für die geheimnisvolle Natur unseres Lebens steht, die sich in jedem Augenblick unserer Existenz zeigt. Um die wundersame und unbegreifliche Natur des Lebens zu beschreiben, gebraucht er die Konzepte von Existenz und Nichtexistenz. Unser Geist ist ständig im Fluss: zahllose Gedanken und Empfindungen kommen und gehen wie die Gezeiten des Ozeans. Der Daishonin bemerkt: „Wenn Sie in jedem beliebigen Moment Ihren eigenen inneren Zustand betrachten, dann nehmen Sie weder Farbe noch Form wahr, die bestätigen können, dass es ihn gibt. Und doch können Sie nicht sagen, er existiere nicht, da Ihnen andauernd verschiedene Einfälle kommen. Leben ist in der Tat die kaum fassbare Wirklichkeit, die sowohl über die Worte als auch über die Konzepte von Existenz und Nichtexistenz hinausreicht. Es ist weder Existenz noch Nichtexistenz, doch entfaltet es die Qualitäten von beidem.“ (DG 1, 44)

Der Daishonin beschreibt die geheimnisvolle Form, die der Geist annimmt als „das mystische Wesen des Mittleren Weges, die Wirklichkeit aller Dinge.“ (DG 1, 44) „Mittlerer Weg“ bedeutet dabei nicht nur die Mitte zwischen zwei Extremen; dieser Ausdruck bezieht sich auf einen weiteren Blickwinkel, der nicht zwischen den beiden Extremen schwankt, sondern beide in sich einschließt. Shakyamuni entwickelte eine ausgewogene Philosophie und Ausübung, die die seinerzeit vorherrschenden Extreme von Hedonismus und Askese überstieg, und nannte dies den Mittleren Weg. In *Über die Verwirklichung der Buddhaschaft in diesem Leben* bezeichnet der Daishonin die letztendliche Wahrheit, die die beiden Extreme von Existenz und Nichtexistenz übersteigt und gleichzeitig beide beinhaltet, als Mittleren Weg; dies betrachtet er als höchste Wahrheit und spricht demzufolge von der „Wirklichkeit aller Dinge“.

Das Überschreiten der Konzepte von Existenz und Nichtexistenz kann man gleichsetzen mit dem Überschreiten der Unbeständigkeit der Phänomene, die sich unaufhörlich zwischen Existenz und Nichtexistenz hin- und herbewegen. Es handelt sich dabei nicht um ein überirdisches oder absolutes Wesen, das von den vergänglichen Dingen getrennt ist, während es die Eigenschaften sowohl von Existenz als auch von Nichtexistenz aufweist und dabei beides übersteigt; vielmehr wird hier auf das wahrhaft Ewige verwiesen, das die vergänglichen Phänomene umfasst und ihnen zugleich innewohnt.

Obwohl der Daishonin in seiner Schrift die geheimnisvolle Natur unseres Lebens und unseres Geistes begrifflich mit den Konzepten von Existenz und Nichtexistenz erklärt, ist seine Aussage vergleichbar mit Nagarjunas Konzept der *Substanzlosigkeit*[1] und mit Tiantais Konzept von der *Vereinigung der drei Wahrheiten*[2] sowie der *Dreifachen Betrachtung im einfachen Herzen*[3]. „Das mystische Wesen des Mittleren Weges, die Wirklichkeit aller Dinge", von der der Daishonin hier spricht, bezieht sich auf unser Leben oder unser Herz und unseren Geist, der eins ist mit der letztendlichen Wahrheit – ein Konzept, das verschiedentlich als *Substanzlosigkeit, Vereinigung der drei Wahrheiten* oder *Dreifache Betrachtung im einfachen Herzen* ausgedrückt wird.

1 Nargajuna: Gelehrter des Mahayana aus Südindien. Soll zwischen 150 und 250 gelebt haben und wurde für seine Systematisierung der Lehre der Substanzlosigkeit bekannt. Nach dem Konzept der Substanzlosigkeit haben Dinge oder Phänomene kein bestimmtes oder unabhängiges eigenes Wesen oder Leben. Nagarjuna integrierte die praktische Lehre des Mittleren Weges, die Askese und Hedonismus übersteigt, und das Konzept der abhängigen Entstehung in die Doktrin der Substanzlosigkeit. Indem alle Dinge also als Wesenheiten ohne ein auf ewig festgelegtes Wesen betrachtet werden, diese jedoch durch ihre Beziehung zu anderen Dingen (d. h. abhängige Entstehung) stets einen vorübergehenden und veränderlichen Aspekt haben, kann man aufgrund einer zutreffenden Wahrnehmung der Wirklichkeit ohne Anhaftungen oder Vorurteile handeln (nach dem sogenannten Mittleren Weg).

2 *Vereinigung der drei Wahrheiten*: Von Tiantai entwickelte Lehre, die auf einem Abschnitt in Nagarjunas Abhandlung über den Mittleren Weg beruht. Dieses integriert die Konzepte von Substanzlosigkeit, abhängiger Entstehung und dem Mittleren Weg: die Wahrheit der Substanzlosigkeit, die Wahrheit der vorübergehenden Existenz und die Wahrheit des Mittleren Weges. Tiantai erläutert ferner, dass diese Wahrheiten nicht getrennt und unabhängig voneinander existieren sondern drei Arten sind, jedes besondere Phänomen oder Wesen zu betrachten. Darüber hinaus ergeben sie ein vollständiges Ganzes, wobei jede wiederum alle drei in sich selbst enthält. Dies wird als *Vereinigung der drei Wahrheiten* bezeichnet.

3 *Dreifache Betrachtung im einfachen Herzen*: Von Tiantai entwickelte Methode der Meditation, durch die man die *Vereinigung der drei Wahrheiten* von Substanzlosigkeit, vorübergehender Existenz und Mittlerem Weg wahrnehmen kann. Während das Konzept der *Vereinigung der drei Wahrheiten* das Herzstück der Lehre Tiantais darstellt, bildet die *Dreifache Betrachtung im einfachen Herzen* das Herzstück seiner Ausübung. Bei dieser Betrachtung geht es um die Wahrnehmung der drei Wahrheiten als gleichzeitig und vollkommen integriert in allen Phänomenen und als diese durchdringend. Es basiert auf der Betrachtung eines einzigen Lebensmomentes, in welchem die dreitausend Bereiche gesehen werden. Zugleich erkennt man, dass alle Phänomene aus den Dreitausend Bereichen entstehen.

Renge steht für das Prinzip der Gleichzeitigkeit von Ursache und Wirkung

Als nächstes stellt der Daishonin fest, dass *Ho*, in der Bedeutung von Gesetz oder Phänomene, die Bezeichnung für die Manifestationen des mystischen Wesens unseres Lebens oder Herzens ist; man könnte auch den Begriff „wundersames Herz" oder „Herz von *Myo*" benutzen. Der Geist von Myo selbst ist das Mystische Gesetz. Abstrakte Worte oder Theorien allein – sei es nun das Konzept der *Substanzlosigkeit* oder das Konzept der *Vereinigung der drei Wahrheiten* – kann man dagegen nicht als Mystisches Gesetz bezeichnen. Denn nur wenn sich das Mystische Gesetz auf Grundlage des Mittleren Weges als höchste Form menschlicher Weisheit zeigt, kann es den Menschen Richtschnur und Kompass sein. Und nur so kann es als Lehre oder Gesetz (*Ho*) verbreitet werden.

Zudem sagt der Daishonin: „Renge, die Lotosblume, symbolisiert das Wunderbare dieses Gesetzes." (DG 1, 45) Das Mystische Gesetz ist für das menschliche Auge unsichtbar. Um den Menschen das Verständnis der wunderbaren und mystischen Natur des Gesetzes zu erleichtern, verwendet der Buddha daher eine konkrete Metapher: *Renge*, die Lotosblume.

Warum wählt er ausgerechnet die Lotosblume? Für gewöhnlich blühen Pflanzen zuerst und tragen danach Früchte – dies ist Ausdruck einer linearen oder aufeinander folgenden Kausalität, wobei die Blumen die Ursache und die Früchte die Wirkung darstellen.

Im Buddhismus nennt man dies die Nicht-Gleichzeitigkeit von Ursache und Wirkung. Im Gegensatz hierzu bringt die Lotosblume ihre Blütenblätter und ihre Fruchtgefäße gleichzeitig hervor; die Frucht wird also gebildet, sobald sich die Blüte öffnet. Der Lotos symbolisiert so das Prinzip der Gleichzeitigkeit von Ursache und Wirkung.

Die vorläufigen, dem Lotos-Sutra vorhergehenden Lehren sehen nicht die Buddhaschaft, die dem Leben aller Menschen innewohnt, als Ursache für die Erleuchtung an; sie lehren vielmehr, dass der Lebenszustand des Buddhas erst nach dem Ableisten buddhistischer Ausübungen über etliche Äonen erlangt werden kann. Ursache und Wirkung sind hiernach nicht gleichzeitig. Die Lehren des Lotos-Sutras stellen dagegen klar, dass alle Menschen ursprünglich mit dem Zustand der Buddhaschaft ausgestattet sind und diesen augenblicklich offenbaren können. Anders gesagt wird das von Illusionen verdunkelte Herz eines gewöhnlichen Menschen unmittelbar in ein Herz von *Myo* verwandelt – der höchsten Erleuchtung eines Buddhas. Die Lotosblüte symbolisiert diese Gleichzeitigkeit von Ursache und Wirkung.

Das mystische *Kyo* heißt, den Geist von *Myo* zu bewahren

Der Daishonin erläutert, dass *Kyo* (Sutra) von Myoho-Renge-Kyo auch die mystische Seite des Lebens bezeichnet. Er sagt: „So wie Sie erkennen, dass Ihr eigenes Leben das Mystische Gesetz ist, werden Sie erkennen, dass auch das Leben aller anderen so ist. Dieses Erkennen ist das mystische *Kyo*, Sutra." (DG 1, 45)

Das chinesische Schriftzeichen *kyo* steht für den senkrecht verlaufenden Faden, auch Kette genannt, in einem Webstuhl oder Gewebe, wird aber auch für das Verstreichen der Zeit verwandt. Vor diesem Hintergrund spricht der Daishonin von unserem Leben und Herz in genau diesem Augenblick und von unserem Leben oder Herz in anderen Augenblicken unserer Existenz. Unser Leben und unser Herz verändern sich ständig. Doch wenn wir durch starken Glauben, der sich im Chanten von Daimoku ausdrückt, unsere innere Dunkelheit oder Unwissenheit besiegen, kommt die uns innewohnende mystische Wahrheit zum Vorschein, und das Leben von Myoho-Renge (wörtlich: Lotos des Mystischen Gesetzes) erblüht in unserem Herzen.

Wir können durch das beständige Chanten von Daimoku Tag für Tag die Ursachen und Wirkungen der Verwirklichung der Buddhaschaft ansammeln, die uns ermöglichen, ein Herz, das von der Dunkelheit des Lebens verfinstert ist, in ein Herz zu verwandeln, das die wesentliche Natur der Phänomene und den wahren Aspekt der Realität widerspiegelt (vgl. DG 1, 44). Die Tugenden dieser Ursachen und Wirkungen gehen mit der Zeit ins Mark unseres Daseins über; unser Charakter erblüht und diese „Blumen des Wohlergehens" beginnen, sich in unserem täglichen Leben zu zeigen. Das ist die Bedeutung des mystischen *Kyo* für unser persönliches Leben.

Dieses mystische *Kyo* steht auch für die Verbreitung des Mystischen Gesetzes von uns hin zu den anderen. Wenn „unser Herz in diesem Augenblick" das Herz des Buddhas bedeutet und „unser Herz in einem anderen Augenblick" das Herz aller Lebewesen, dann bezieht sich *Kyo* auf die Lehren des Buddhas, die diejenigen Aspekte seiner Erleuchtung darlegen, die sich auf die mystische Natur des Lebens bzw. das Herz von *Myo* beziehen. Das Lotos-Sutra, dessen Essenz Myoho-Renge-Kyo bildet, ist „der König der Sutras", weil es unmittelbar das Herz von *Myo* erläutert. In diesem Sinne entspricht die Entwicklung von Kosen-rufu dem mystischen *Kyo*: Menschen verbreiten das Mystische Gesetz, chanten mit Hingabe Nam-Myoho-Renge-Kyo für das eigene sowie das Glück anderer und leiten weitere Menschen dazu an. Wie bereits erörtert, ist Myoho-Renge-Kyo das Gesetz, das unserem eigenen Leben innewohnt. Der unaufhörliche Wandel unseres Herzens und Geistes, den wir durch das Chanten von Daimoku bewirken, führt nicht nur zu einer grundlegenden inneren Veränderung, sondern auch zu einem vollständigen Wandel unserer Lebensweise; er führt uns auf den Weg zur Verwirklichung der Buddhaschaft in diesem Leben und ist zugleich Motor einer großartigen Transformation der ganzen Menschheit: Kosen-rufu. Die dynamische Kraft zur Veränderung auf allen Ebenen heißt Myoho-Renge-Kyo.

Meister seines Herzens werden

Myoho-Renge-Kyo ist also das unserem Leben innewohnende Gesetz. Das führt direkt zu einem anderen Aspekt, auf den ich im Folgenden eingehen möchte: die Beziehung zwischen dem *Herz der Illusion*, das von der uns eigenen Dunkelheit verfinstert wird, und dem *Herz von Myo*, das von dem wahren Wesen der Phänomene und dem wahren Aspekt der Realität erleuchtet ist.

Wenn wir dem *Herzen der Illusion* gewöhnlicher Menschen folgen – einem wankelmütigen und charakterschwachen Herzen – verkümmert möglicherweise unser inneres Potenzial oder wir geben schlimmstenfalls unseren negativen und zerstörerischen Impulsen nach. Dies liegt an der komplizierten Struktur unseres Geistes. Da der Schlüssel zur Verwirklichung der Buddhaschaft in diesem Leben in unserem Herz und Geist liegt, müssen wir unsere innere Schwäche überwinden. Das ist das Ziel unserer buddhistischen Ausübung. Das *Herz der Illusion* gewöhnlicher Menschen unterliegt ständigen Schwankungen und darf daher für uns weder Grundlage noch Richtschnur sein.

Der Daishonin betont diesen Punkt mit dem bekannten Zitat „dass man lieber Herr über seinen Geist [sein Herz] werden solle, als dass man von seinem Geist [Herzen] beherrscht wird." (DG 1, 112) Dieser Satz entstammt dem Sutra der sechs Paramitas[4], das besagt: „Unser Herz kann unversehens außer Kontrolle geraten. Daher müssen wir es zähmen wie einen wilden Elefanten und ihm nicht gestatten, uns zu beherrschen, sondern vielmehr versuchen, Meister unseres Herzens zu werden." Im Nirwana-Sutra heißt es ganz ähnlich: „Ich bete, dass Sie zum Meister Ihres Herzens werden und sich nicht durch Ihr Herz meistern lassen." (GZ, 152) Der Daishonin zitiert diese Ermahnung häufiger und

4 Im Sutra der sechs Paramitas (Rokuharamitsu-Sutra) heißt es: „Wenn Sie stets der Meister Ihres Herzens sind anstatt sich von Ihrem Herzen meistern zu lassen, wird Ihr Herz nicht außer Kontrolle geraten. Es ist wie die Zähmung eines Elefanten."

macht sie damit für seine Schüler zu einer wichtigen Richtlinie. Meister seines Herzens zu werden bedeutet, den Glauben als zuverlässigen Kompass des eigenen Lebens zu betrachten und sich an ihm zu orientieren wie an einem hellem Leuchtfeuer in dunkler Nacht. Wir dürfen uns nicht von dem unbeständigen, schwachen und veränderlichen *Herzen der Illusion* gewöhnlicher Menschen meistern lassen. Um unser Herz zu meistern, müssen wir es auf das richtige Ziel ausrichten. In diesem Sinne sind das Gesetz und die Lehren des Buddhas die wahren Meister unseres Herzens. Shakyamuni schwor, das Gesetz, zu dem er erleuchtet war, zum Meister seines Herzens zu machen, und lebte voller Stolz gemäß diesem Schwur. Das ist die Lebensweise, mit der man „Zuflucht beim Gesetz" nimmt. Diese Art zu leben betonte Shakyamuni in seiner letzten Verfügung vor seinem Tod gegenüber seinen Schülern.[5]

Die Priester verschiedener buddhistischer Schulen zu Lebzeiten des Daishonins hatten diese Haltung Shakyamunis vergessen. Sie folgten ihrem eigenen, willkürlichen Herzen oder Denken, verloren die Lehren des Buddhas aus dem Blick, setzten das Lotos-Sutra herab und wurden arrogant. Der Daishonin dagegen lehrte, dass der wahre Meister des Herzens Myoho-Renge-Kyo ist – der Kern des Lotos-Sutras und das grundlegende Gesetz aller Buddhas. Er sah im Chanten von Nam-Myoho-Renge-Kyo die konkrete Ausübung zum Meistern seines Herzens. Gegenüber seinen Anhängern betonte er zudem regelmäßig die Bedeutung einer Glaubenseinstellung, die mit suchendem Geist nach dem wahren Meister des Herzens, d. h. dem Mystischen Gesetz, strebt.

Als beispielsweise einer der beiden Ikegami-Brüder[6] wegen seines Glaubens vom Vater verstoßen wurde, ermutigt der Daishonin sie beide und betont, dass es nun an der Zeit wäre, sich einträchtig zusammenzuschließen und auf Grundlage des Glaubens diese Situation zu bewältigen. Er gibt ihnen folgende Worte der Führung: „Das Rokuharamitsu-Sutra sagt aus, dass man lieber Herr über seinen Geist [Meister seines Herzens] werden solle, als dass man von sei-

5 Der Buddha sprach: „Lebt wie Inseln auf Euch selbst gestellt und seid Eure eigene Zuflucht, mit dem Dhamma [d. h. Dharma, Gesetz] als Insel, mit dem Dhamma als Eure Zuflucht, ohne andere Zuflucht." Mahapainibbana-Sutta: The Great Passing – The Buddha's Last Days aus *The Long Discourses of the Buddha*: A Translation of the Digha Nikaya, übers. von Maurice Walshe, Boston, Wisdom Publications 1995, S. 245

6 Ikegami-Brüder: bedeutende Schüler Nichiren Daishonins. Der ältere Bruder Munenaka wurde zweimal von seinem Vater, der ein Anhänger von Nichirens Widersacher Ryokan war, verstoßen. Zugleich wollte der Vater den jüngeren Bruder Munenaga dazu bewegen, seinen Glauben aufzugeben und den Platz des Bruders als Familienoberhaupt einzunehmen. Dennoch blieben die Brüder ihrem Glauben treu. Der Vater widerrief Munenakas Enterbung und nahm schließlich den Glauben an die Lehren des Daishonins an.

nem Geist [Herzen] beherrscht wird. Welche Schwierigkeit auch auftreten mag, bedenken Sie, dass sie so vorübergehend ist wie ein Traum und denken Sie nur an das Lotos-Sutra." (DG 1, 112)

Wie schwierig unsere Umstände auch sein mögen – solange wir im Glauben standhaft sind, werden wir unsere Probleme ganz sicher überwinden. Glaube ist ein Kampf gegen unsere innere Schwäche. Der Daishonin lehrt uns diesen Kampf zu gewinnen, indem wir unser Leben rückhaltlos und unbeirrbar auf das Lotos-Sutra (das Mystische Gesetz) stützen.

Der Weg von Meister und Schüler auf Grundlage des Gesetzes

Die Geschichte des Triumphes der Brüder Ikegami lehrt uns außerdem das Glaubensprinzip der *Einheit von Meister und Schüler.* Weil sich die Brüder genau an die Weisung des Daishonins hielten, konnten sie ihre Leiden überwinden, die Machenschaften Ryokans vom Gokuraku-ji-Tempel hinter dem Handeln ihres Vaters durchschauen und schließlich einen dramatischen Sieg erringen, als ihr Vater den Glauben annahm.

Wenn man sich von seinem Herzen meistern lässt, führt man ein ichbezogenes Leben. Letzten Endes wird man von seinem ständig schwankenden Herzen hin und her geworfen, wird egoistisch und versinkt in tiefer Dunkelheit oder Unwissenheit. Meister seines Herzens zu werden heißt dagegen, ein Leben auf Grundlage des Gesetzes zu führen.

Im Buddhismus ist ein Lehrer oder Mentor jemand, der Menschen zum Gesetz hinführt und sie mit ihm in Verbindung bringt. Er lehrt sie, dass das Gesetz, auf das sie sich stützen sollen, in ihrem eigenen Leben existiert. Die Schüler ihrerseits suchen nach dem Meister, der das Gesetz verkörpert und eins mit ihm ist. Sie nehmen sich den Meister zum Vorbild und bemühen sich in ihrer buddhistischen Ausübung. Mit einer solchen Lebensweise können wir Meister unseres Herzens werden.

Ein Mentor, der in sich das Gesetz verkörpert, in vollkommener Übereinstimmung mit dem Gesetz lebt und die Menschen über ihr eigenes gewaltiges inneres Potenzial aufklärt, ist also unabdingbar für die Verwirklichung der Buddhaschaft in diesem Leben. Ich selbst hatte einen Mentor, der so praktizierte, wie der Buddha es lehrte – den zweiten Präsidenten der Soka Gakkai, Josei Toda. Er widmete sein Leben der Verbreitung des Nichiren-Buddhismus in unserer Zeit. Durch ihn wurde ich, was ich heute bin. Josei Toda begleitet mich stets als mein spiritueller Mentor. Bis heute führe ich jeden Tag, ja jeden Augenblick einen beständigen inneren Dialog mit ihm. Dies ist der Geist der Einheit von Meister und Schüler. Wer an seinem spirituellen Mentor festhält und in seiner Ausübung der Lehre des Meisters folgt, lebt auf der Grundlage des Gesetzes. Der Buddhismus Nichiren Daishonins ist eine Lehre, die auf der Einheit von Meister und Schüler fußt. Auch das Lotos-Sutra selbst ist eine Schrift der Einheit von Meister und Schüler.

Um die Bedeutung der Meister-Schüler-Beziehung auf dem Weg zur Verwirklichung der Buddhaschaft in diesem Leben zu verdeutlichen, zitiert der Daishonin am Ende seiner Schrift eine Passage aus dem 21. Kapitel des Lotos-Sutras *Die übernatürlichen Kräfte des Tathagata*[7]. Ich würde gerne die tiefe Bedeutung dieses Abschnitts im nächsten Teil erörtern. An dieser Stelle sei jedoch bereits gesagt, dass der Weg zur Verwirklichung der Buddhaschaft in diesem Leben über die Ausübung der Bodhisattvas aus der Erde führt, die für das eigene und das Glück anderer Nam-Myoho-Renge-Kyo, das ihrem Leben innewohnende Gesetz, chanten und andere diese Praxis lehren.

Der großartige Weg zur Verwirklichung der Buddhaschaft in diesem Leben liegt vor allem darin, unseren Glauben im Geist der Einheit von Meister und Schüler auszuüben. Dann wird unser Herz eins mit dem erhabenen Herz des Buddhas und lässt sich nicht länger durch unsere innere Dunkelheit oder die drei Gifte von Habgier, Ärger und Dummheit beeinflussen. Ein Glaube, der auf dem Geist der Einheit zwischen Meister und Schüler beruht, ist der Schlüssel zum Schatz unseres Lebens, der so groß ist wie das Universum. Wenn wir zudem selbst mutig Daimoku chanten und für Kosen-rufu tätig werden, befinden wir uns auf dem direkten Weg zur Verwirklichung der Buddhaschaft in diesem Leben.

7 Die Textstelle lautet: „Nach meinem Tod müsst ihr dieses Sutra annehmen und beibehalten. Wer dies tut, der wird den direkten Weg zur Buddhaschaft einschlagen." (DG 1, 45; vgl. LS 21, 276)

7.
Der Glaube zur Verwirklichung der Buddhaschaft in diesem Leben – Beschreiten Sie zielsicher den großen Weg der Einheit von Meister und Schüler

Wenn Sie tiefen Glauben an diese Wahrheit besitzen und Myoho-Renge-Kyo chanten, ist es sicher, dass Sie die Buddhaschaft in diesem Leben verwirklichen. Deswegen lautet das Sutra: „Nach meinem Tode müsst Ihr dieses Sutra annehmen und beibehalten. Wer das tut, der wird den direkten Weg zur Buddhaschaft einschlagen." [LS 21, 276] Zweifeln Sie nicht im geringsten! Das ist der Glaube zur Verwirklichung der Buddhaschaft in diesem einen Leben. Nam-Myoho-Renge-Kyo, Nam-Myoho-Renge-Kyo.
Hochachtungsvoll,
Nichiren (DG 1, 45)

Vögel folgen der Flugbahn der Vögel, und Fische folgen dem Weg der Fische. Gleichermaßen gibt es auch für uns Menschen einen Weg, dem wir im Leben folgen müssen, um glücklich zu werden. Für gewöhnliche Menschen ist dieser Weg nicht leicht zu erkennen, doch für einen Buddha ist er sonnenklar. Nichiren Daishonin hat diesen unzerstörbaren Weg zum Glück der gesamten Menschheit zugänglich gemacht – den großen Weg zur Verwirklichung der Buddhaschaft in diesem Leben. Dieser Weg liegt einzig und allein im Chanten von Daimoku.

In gewissem Sinne ist das Chanten von Nam-Myoho-Renge-Kyo für die Menschen der natürlichste Weg zur Erleuchtung – genau wie für die Vögel ihre Flugbahn oder für Fische der Weg im Wasser. Denn es ist das Mittel, mit dem wir „zu der mystischen Wahrheit erwachen, die immer schon in unserem Leben vorhanden war" (vgl. DG 1, 43). Der Daishonin betont dabei, wie uns das Daimoku ganz natürlich zu dieser uns innewohnenden mystischen Wahrheit führt. Er schreibt zum Beispiel:

„(…) Shakyamunis Ausübungen und die Tugenden, die er folglich erlangte, [sind] alle in dem einzigen Satz Myoho-Renge-Kyo enthalten (…). Wenn wir an diesen Satz glauben, werden wir ***natürlich*** *dieselben Wohltaten erhalten wie er.“* (DG 1, 228)

„Die fünf Schriftzeichen von Myoho-Renge-Kyo geben weder den Text des Sutras noch seine Bedeutung wieder. Sie stellen nichts anderes als die Absicht des gesamten Sutras dar. Selbst wenn also Anfänger der buddhistischen Ausübung ihre Bedeutung vielleicht nicht verstehen, werden sie durch die Ausübung dieser fünf Schriftzeichen ***ganz natürlich*** *die Absicht des Sutras erfüllen.“* (WND, 788)

„Obwohl ich und meine Schüler unterschiedlichen Schwierigkeiten begegnen mögen, werden wir ***gewiss*** *die Buddhaschaft erlangen, wenn wir in unseren Herzen keine Zweifel hegen.“* (DG 2, 191)

Weil Myoho-Renge-Kyo das fundamentale Lebensgesetz ist, zu dem der Buddha erwachte, ist das Chanten von Daimoku für uns eine unfehlbare Ausübung zur Verwirklichung der Erleuchtung. Daher „ist es sicher, dass Sie die Buddhaschaft in diesem Leben verwirklichen“, sagt der Daishonin. (DG 1, 45)

Auch wenn für uns das Chanten der natürlichste Weg ist, heißt das noch lange nicht, dass wir uns nicht trotzdem bemühen müssten. Jeder Weg, der vielen Menschen offen stehen soll, muss zunächst gangbar gemacht werden; Hindernisse müssen beiseite geräumt und eine klare Wegstrecke angelegt werden. Ähnlich verhält es sich mit dem Chanten von Daimoku: Es beinhaltet den Kampf, unaufhörlich daran zu glauben, dass Myoho-Renge-Kyo in uns selbst existiert, und damit die fundamentale Dunkelheit zu besiegen, die unserem Leben innewohnt.

Wenn wir die fünf Schriftzeichen von Myoho-Renge-Kyo annehmen, können wir den Kreislauf von Negativität, Illusion und Leid zum Positiven verändern, in dem unser Leben aufgrund der uns innewohnenden Dunkelheit und Illusionen gefangen ist. Gleichzeitig können wir die Ursache zur Verwirklichung der Buddhaschaft in dieser Existenz fest in unserem Leben verankern.

Die Ursache ist in diesem Fall der Glaube, die Wirkung der Zustand der Buddhaschaft, der in unserem Leben sichtbar wird. Die Ursache für die Verwirklichung der Buddhaschaft in unserem Leben zu verankern bedeutet, durch den Glauben die innere Dunkelheit als Quelle des Bösen und des Leids zu besiegen;

stattdessen lassen wir den Rhythmus von Myoho-Renge-Kyo, der allem innewohnenden mystischen Wahrheit, in unserem Leben dynamisch pulsieren. Der Lebenszustand der Buddhaschaft stimmt vollkommen mit dem Rhythmus von Myoho-Renge-Kyo überein.

Wenn wir Daimoku chanten, verdrängt die Kausalität der Buddhaschaft die Kausalität der Negativität, die bis jetzt in unserem Leben wirksam war. Wenn wir dann noch einen starken Glauben entwickeln, der gegen jeden Angriff der fundamentalen Dunkelheit oder der teuflischen Kräfte undurchlässig ist, kann die Kausalität zur Verwirklichung der Buddhaschaft im tiefsten Inneren unseres Seins Fuß fassen.

Ausschlaggebend ist also der Glaube. Daher unterstreicht der Daishonin, wie wichtig „tiefer Glaube" an das Prinzip ist, dass das Mystische Gesetz das Wesen unseres Lebens ist. (DG 1, 44) Tatsächlich hebt der Daishonin in *Über die Verwirklichung der Buddhaschaft in diesem Leben* immer wieder die Bedeutung des Glaubens bzw. der eigenen Überzeugung hervor. Er schreibt zum Beispiel: „(...) dann müssen Sie die tiefe Überzeugung aufbringen" (DG 1, 43) und „Rufen Sie tiefen Glauben in sich hervor" (DG 1, 44). Er lehrt, dass der Königsweg zur Erleuchtung in der Vertiefung unseres Glaubens zu finden ist.

Der Schlüssel zu unserer Erleuchtung als gewöhnliche Menschen liegt letztendlich in der Stärke unseres Glaubens: Wie tief reicht unsere Überzeugung, dass wir tatsächlich die Buddhaschaft verwirklichen, wenn wir das Mystische Gesetz als Wesen unseres Lebens erkennen und nach außen hin sichtbar machen?

„Wären sie nicht Bodhisattvas aus der Erde, dann könnten sie nicht Daimoku chanten"

Zur Verwirklichung der Buddhaschaft in diesem Leben ist also ein Glaube erforderlich, der sich ständig vertieft. Ein tiefer Glaube ist gewissermaßen das „Markenzeichen" der Bodhisattvas aus der Erde[1]. Der Daishonin schreibt: „Daher sind die Bodhisattvas aus der Erde diejenigen, die ihren Glauben ganz tief entwickelt hatten." (DG 1, 31).

1 Bodhisattvas aus der Erde: Schüler Shakyamunis aus der entfernten Vergangenheit, die Shakyamuni im Kapitel *Hervortreten aus der Erde* (15. Kapitel) des Lotos-Sutras ruft und mit der Verbreitung des Lotos-Sutras nach seinem Tode betraut. Sie sind bekannt als Bodhisattvas aus der Erde, weil sie aus der Erde hervortreten. Ihr Anführer heißt Bodhisattva *Hervorragende Ausübung* (jap. *Jogyo*).

Am Ende von *Über die Verwirklichung der Buddhaschaft in diesem Leben* zitiert der Daishonin aus dem Kapitel *Die übernatürlichen Kräfte des Tathagata* (21. Kapitel) des Lotos-Sutras: „Nach meinem Tode müsst Ihr dieses Sutra annehmen und beibehalten. Wer das tut, der wird den direkten Weg zur Buddhaschaft einschlagen.“ (LS 21, 276) Er führt dieses Zitat als schriftlichen Beweis dafür an, dass man durch das Chanten des Daimokus des Lotos-Sutras, Myoho-Renge-Kyo, die Erleuchtung erlangen kann. Wir können diesen Abschnitt so verstehen, dass der gründlich geschmiedete Glaube der Bodhisattvas aus der Erde genau die Art von Glauben ist, die wir zur *Verwirklichung der Buddhaschaft in diesem Leben* benötigen.

Im Kapitel *Übernatürliche Kräfte* überträgt Buddha Shakyamuni die Essenz des Lotos-Sutras[2] auf Bodhisattva *Hervorragende Ausübung* und die anderen Bodhisattvas aus der Erde. Danach erklärt er ihnen, wie sie sich für die Verbreitung des Sutras nach seinem Tode einsetzen sollen. Mit dem erwähnten Absatz, den der Daishonin am Ende von *Die Verwirklichung der Buddhaschaft in diesem Leben* zitiert, endet Shakyamunis Beschreibung der Wohltaten, die man als Ergebnis derartiger Bemühungen erfährt. „(...) müsst Ihr dieses Sutra annehmen und beibehalten“ bedeutet in diesem Zusammenhang, das Daimoku des Lotos-Sutras, Myoho-Renge-Kyo – die Essenz der Lehre, die der Buddha Bodhisattva *Hervorragende Ausübung* anvertraute –, anzunehmen und beizubehalten.

In *Das wahre Wesen des Lebens* schreibt der Daishonin: „Wären sie nicht Bodhisattvas aus der Erde, dann könnten sie nicht Daimoku chanten.“ (DG 1, 38) Was aber macht das Chanten von Daimoku eigentlich so schwierig? Ein Aspekt ist sicherlich, dass der Durchbruch durch die fundamentale Dunkelheit und der Sieg über die teuflischen Funktionen nur gelingt, wenn wir Nam-Myoho-Renge-Kyo mit starkem und sorgfältig geschmiedetem Glauben chanten.

2 Übertragung der Essenz des Lotos-Sutras: Im Kapitel *Die übernatürlichen Kräfte des Tathagata* (21. Kapitel) des Lotos-Sutras vertraut Shakyamuni Bodhisattva *Hervorragende Ausübung* und den anderen Bodhisattvas aus der Erde die Lehren des Sutras an. Diesen Vorgang bezeichnet man als „Übertragung der Essenz des Lotos-Sutras“, weil Shakyamuni dabei den Inhalt des Sutras beschreibt: 1. „alle Lehren, die der Tathagata besitzt“, 2. „alle frei ausgeübten übernatürlichen Kräfte des Tathagata“, 3. „das Schatzhaus aller geheimen wesentlichen Dinge des Tathagata“ und 4. „alle tiefgründigsten Angelegenheiten des Tathagata“. Er fügt hinzu, dass all jene „in diesem Sutra verkündet, enthüllt und klar erklärt“ werden. (LS 21, 274; *Dialoge über das Lotos-Sutra*, Bd. 5, S. 125)

Selbst Daimoku chanten und andere das Gleiche lehren

Wenn die Bodhisattvas aus der Erde Daimoku chanten, bedeutet dies, nicht nur für sich alleine zu praktizieren, sondern die Ausübung gleichzeitig auch anderen nahe zu bringen. Chanten ist also eine Praxis für sich selbst und für andere.

In seiner Abhandlung *Die Drei Großen Verborgenen Gesetze* merkt der Daishonin an, dass im Mittleren Tag des Gesetzes sowohl Tiantai als auch sein Lehrer Nan-Yüeh zwar das Daimoku des Lotos-Sutra chanteten, dies jedoch als ihre persönliche Angelegenheit betrachteten ohne andere hierin zu unterweisen. Im Gegensatz dazu, so stellt der Daishonin heraus, chantete er selbst nicht nur für sich Daimoku, sondern lehrte diese Ausübung auch andere.[3]

Das Daimoku des Mittleren Tages diente lediglich als Symbol dafür, die mystische Wahrheit zu erkennen; es diente nicht dazu, die Menschen tatsächlich zur Erleuchtung zu führen. Das Daimoku Nichiren Daishonins dagegen beinhaltet sowohl die Ausübung für sich selbst als auch für andere. Denn ein mit tiefem Glauben gechantetes Daimoku besitzt tatsächlich die Kraft, die fundamentale Dunkelheit zu durchbrechen und allen Menschen die Manifestation ihrer Buddhaschaft zu ermöglichen. Auch in seiner Schrift *Das Objekt der Verehrung zur Betrachtung des Herzens* [*Das Wahre Objekt der Verehrung*] bezieht der Daishonin sich auf das Chanten von Daimoku als „die tatsächliche Praxis" der fünf Silben von Nam-Myoho-Renge-Kyo (DG 1, 241f.). „Tatsächliche Praxis" bedeutet an dieser Stelle, Daimoku sowohl im Sinne von Glaube als auch von Ausübung[4] zu chanten und die Kausalität der Buddhaschaft im eigenen Leben Wirklichkeit werden zu lassen.

Das Daimoku, das die Bodhisattvas aus der Erde im Späten Tag des Gesetzes chanten, ist ein Daimoku für die Erleuchtung aller Menschen. Ihre Ausübung zielt also sowohl auf das eigene Glück als auch auf das Glück anderer ab. Der Daishonin sagt in seiner Schrift *Das wahre Wesen des Lebens*: „Zuerst chantete nur ich, Nichiren, Nam-Myoho-Renge-Kyo, doch dann folgten zwei, drei, hundert, die chanten und andere lehren". Die Essenz des Daimokus besteht folglich

3 Der Daishonin schreibt: „Jetzt, im Späten Tag des Gesetzes, unterscheidet sich das Daimoku, das Nichiren chantet, vom Daimoku vergangener Zeitalter. Denn dieses Nam-Myoho-Renge-Kyo beinhaltet sowohl die Ausübung für sich selbst als auch für andere." (GZ, 1022)

4 Das Daimoku der wesentlichen Lehre (d. h. Nam-Myoho-Renge-Kyo) hat zwei Aspekte: das Daimoku des Glaubens und das Daimoku der Ausübung. Daimoku des Glaubens bezieht sich auf den Glauben an den Gohonzon. Daimoku der Ausübung heißt, Nam-Myoho-Renge-Kyo zu chanten und es zu verbreiten.

darin, Daimoku sowohl für sich selbst zu chanten als auch andere diese Ausübung zu lehren.

Das Daimoku der Bodhisattvas aus der Erde ist von einem tiefen, sorgfältig geschmiedeten Glauben durchdrungen, der die Dunkelheit und die teuflischen Kräfte überwindet. Daneben ist es vom Geist der Ausübung sowohl für sich selbst und für andere geprägt. Alles in allem drückt sich das Wesen des Daimokus in einem auf Kosen-rufu ausgerichteten Glauben aus.

Kurz nach der erstmaligen Verkündung seiner Lehre und entschlossen, alle nun zu erwartenden Hindernisse zu überwinden, verfasste der Daishonin diese Schrift, in der er das Prinzip der *Verwirklichung der Buddhaschaft in diesem Leben* erläutert. Wir dürfen niemals vergessen, dass das Leben Nichiren Daishonins, ein bedeutender Kampf um die Verbreitung der fünf Schriftzeichen von Myoho-Renge-Kyo, eine Abfolge großer Schwierigkeiten und Verfolgungen war. Jegliche Diskussion über die Verwirklichung der Buddhaschaft in diesem Leben bleibt leere Theorie und intellektuelle Spielerei, wenn wir uns dabei nicht vorwiegend damit beschäftigen, wie der Daishonin das Mystische Gesetz tatsächlich verbreitete.

Über folgende Worte des Daishonins sollten wir daher sorgfältig nachdenken: „Von meiner Geburt an bis zum heutigen Tag habe ich, Nichiren, keinen Augenblick der Bequemlichkeit gekannt. Ich habe nur daran gedacht, das Daimoku des Lotos-Sutras zu verbreiten.“ (DG 2, 278)

Der Glaube der Soka Gakkai ist direkt mit dem Daishonin verbunden

In unserer Zeit haben die drei Präsidenten der Soka Gakkai, zwischen denen das Band von Meister und Schüler besteht, den Kampf zur Verbreitung von Nam-Myoho-Renge-Kyo mit einem Glauben fortgesetzt, der in direkter Verbindung zu Nichiren Daishonin steht. Nur die drei ersten Präsidenten haben – ohne das eigene Leben zu schonen – gegen alle großen Schwierigkeiten und Verfolgungen gekämpft, die das Lotos-Sutra aufzählt: Hass und Neid, Verleumdung und Beschimpfung, die *sechs schwierigen und neun leichten Taten*[5] sowie

5 *Die sechs schwierigen und neun leichten Taten*: Das *Schatzturm*-Kapitel (11. Kapitel) des Lotos-Sutras erläutert aus sechs verschiedenen Blickwinkeln, wie schwierig es ist, das Lotos-Sutra nach dem Tod Shakyamunis auszuüben. Dagegen beschreibt es neun augenscheinlich unmögliche Taten, wie z. B. den Berg Sumeru in ein anderes Weltensystem zu schleudern, als vergleichsweise leicht. (vgl. LS 11, 178f.)

die *Drei starken Feinde*[6]. Das Leben des Daishonins, das Erbe des Daishonins pulsieren im Leben jener Mentoren und Schüler, die sich einträchtig für das Ziel von Kosen-rufu zusammenschließen.

Das Daimoku der wahren Bodhisattvas aus der Erde erklingt nun auf der ganzen Welt. Ohne einen auf Kosen-rufu ausgerichteten Glauben und ein kämpferisches Daimoku, das alle Hindernisse bezwingt, wie durch die Soka Gakkai ausgeübt und verbreitet, würde heute die Ausübung Nichiren Daishonins zur Verwirklichung der Buddhaschaft in diesem Leben nicht existieren.

Der „kämpferische" Glaube mit dem Ziel, es mit den *drei Hindernissen und vier Teufeln* aufzunehmen und sie zu besiegen, öffnet den Lebenszustand der Buddhaschaft. Es gibt keine Erleuchtung ohne den Kampf gegen die *Drei starken Feinde*. Wer sich unaufhörlich für Kosen-rufu einsetzt, ist ein wahrer Buddha.

Der zweite Präsident der Soka Gakkai, Josei Toda, lehrte uns, wie dieser großartige Zustand der Buddhaschaft sich konkret ausdrückt. Todas Leben war weder einfach noch ereignislos; es war ein Leben voller schmerzlicher Umbrüche.

Wer sich durch den Buddhismus ein friedliches und ruhiges Leben ohne jede Schwierigkeit erhofft, hat die wesentlichen Grundsätze dieser Philosophie nicht verstanden. Denn sowohl das Leben Shakyamunis als auch das Nichiren Daishonins waren geprägt von harten Kämpfen und bei Weitem nicht ruhig und problemlos.

Man könnte sagen, dass der wahre Geist des Buddhismus darin besteht, einen alles überragenden und unzerstörbaren Lebenszustand aufzubauen, dem nicht einmal heftigste Hindernisse etwas anhaben können. Verwirklichung der Buddhaschaft in diesem Leben bedeutet deshalb, einen so starken Glauben zu entwickeln, dass man sich auf keinen Fall und durch keine teuflische Funktion der Welt besiegen lässt. Dafür stehen beispielhaft sowohl Shakyamuni als auch der Daishonin.

Buddhistisch betrachtet zeigte Toda mit seinem Leben, wie jemand den Zustand der Buddhaschaft erreicht, indem er den höchsten Weg der Menschlichkeit einschlägt. Als Todas aufrichtiger und unmittelbarer Schüler möchte ich

6 *Die drei starken Feinde*: Der Versteil im 13. Kapitel des Lotos-Sutras *Ermutigung zum Beibehalten* beschreibt die Menschen, die diejenigen verfolgen werden, die im bösen Zeitalter nach dem Tod des Buddhas das Lotos-Sutra verbreiten. In seinen Anmerkungen zu Worte und Begriffe des Lotos-Sutras ordnet Miaole diese Menschen drei Gruppen zu. Es sind dies: 1. arrogante Laien, 2. arrogante Mönche und Nonnen, sowie 3. arrogante, falsche Heilige bzw. Priester. (vgl. LS 13, 193f.)

hier von dem großen Sieg berichten, den mein Mentor in seiner menschlichen Revolution errungen hat.

Unsere Aufgabe mit überströmender Lebenskraft erfüllen

Was heißt eigentlich Verwirklichung der Buddhaschaft? Zu dieser Frage erklärte Toda stets, dass es dabei um ewiges Glück ginge. „Die Buddhaschaft zu verwirklichen", so sagte er, „bedeutet einen Lebenszustand zu erreichen, der uns erlaubt, ständig mit einer unbegrenzten Lebenskraft wiedergeboren zu werden, um unsere Aufgabe zu unserer Zufriedenheit zu erfüllen, all unsere Ziele zu erreichen und ein Glück zu erschaffen, das niemand zerstören kann." Diese Worte zeigen ein tiefes philosophisches Verständnis dessen, was Verwirklichung der Buddhaschaft im Kern bedeutet – und sind dennoch in einer schlichten und direkten Sprache gehalten.

Toda sagte weiter: „Und ist es nicht noch viel großartiger, wenn wir zehn, hundert, tausend und Millionen von Existenzen auf diese Art und Weise genießen können?" Noch heute ist mir, als hörte ich seine Stimme mit dem Ausdruck seiner unerschütterlichen Zuversicht und Überzeugung wie das kräftige Gebrüll eines Löwenkönigs.

Wer sich in diesem Leben dem Mystischen Gesetz gewidmet hat, wird bei jeder Wiedergeburt überströmen vor pulsierender Lebenskraft, seine bzw. ihre ureigene Aufgabe für Kosen-rufu erfüllen und gewaltiges, unzerstörbares Glück erfahren. Voller Freude werden diese Menschen wieder und wieder ein solches Leben genießen können.

Man könnte sagen, dass die Verwirklichung der Buddhaschaft in diesem Leben es uns erlaubt, diesen ewigen Weg mit Verlass einzuschlagen. Unzählige Mitglieder der Soka Gakkai haben dies bereits in die Tat umgesetzt. Solange sich der tatsächliche Beweis des Mystischen Gesetzes im Leben einzelner Menschen als prächtige Blüte zeigt, wird der Glaube der Soka Gakkai auf ewig seinen Glanz bewahren. Toda verkündete, dass das Leben jedes einzelnen Soka Gakkai-Mitglieds in den zukünftigen Sutras als „Soka Gakkai Buddha" Erwähnung finden würde.

Natürlich gehört jeder Aspekt der vier Leiden von Geburt, Alter, Krankheit und Tod zu unserer Lebenswirklichkeit in dieser Welt. Wie alle Phänomene des Universums unterliegt auch unser Körper den Veränderungen, die der Kreislauf von Geburt, Fortbestehen, Veränderung und Erlöschen mit sich bringt. Es ist ganz natürlich, dass unser körperlicher Zustand sich mit dem Alter verschlechtert. Wenn einzig die Ausübenden des Nichiren-Buddhismus ihre jugendliche physische Erscheinung beibehielten, würde das den Naturgesetzen zuwiderlaufen. Und dennoch: Solange wir uns durch den Glauben sorgfältig polieren, wird unser Leben in seiner Essenz niemals dem Verfall ausgesetzt sein.

Ich hoffe, dass alle Pioniere und erfahrenen Mitglieder der Goldener-Herbst-Gruppe[7], die sich jahrelang aufrichtig für Kosen-rufu eingesetzt haben, ihren letzten Lebensabschnitt in Hinblick auf diesen Punkt voller Stolz und Freude mit einem strahlenden Sieg krönen. Bitte setzen Sie sich weiterhin ein mit der Einstellung, sich ständig neu herauszufordern!

Wenn wir in diesem Leben eine derart kämpferische Einstellung kultivieren, erreichen wir einen erhabenen geistigen Zustand, der es uns ermöglicht, die Reise durch die Ewigkeit des Lebens völlig frei und freudig zu bestreiten. Gemäß den Schriften Nichiren Daishonins besteht daran absolut kein Zweifel.

Toda beschrieb diesen freien und ungebundenen Lebenszustand, der ewig andauert und das gesamte Universum in sich aufnimmt, oft mit humorvollen Worten: „Wir sterben, aber wir werden auch wiedergeboren. Ich für meinen Teil möchte gerne als atemberaubend schöne Frau wiederkehren!" Scherzend sponn er diesen Gedanken weiter und stellte sich vor, dass diese schöne Frau auf der ganzen Welt berühmt und ständig von Scharen von Menschen umringt sein würde, die ein Foto von ihr kaufen oder ein Autogramm bekommen wollten. Natürlich, so fügte er hinzu, würde sie ihr Autogramm niemals einem schlechten oder hasserfüllten Menschen geben.

Josei Toda verstarb mit 58 Jahren – in der Tat kein hohes Alter. Die zwei Jahre, die er während des Zweiten Weltkriegs für seine Überzeugung im Gefängnis verbrachte, hatten seine Gesundheit ernstlich ruiniert. Die folgende Zeit war geprägt von einer enormen Aktivität: Toda gab alles in seiner Kraft Stehende für den Wiederaufbau der Soka Gakkai und die Erfüllung seiner Pflichten als Präsident der Organisation, was immer wieder Krankheitsattacken zur Folge hatte.

Als ein Gakkai-Verantwortlicher ihn einmal fragte, warum er eigentlich krank sei, antwortete Toda: „Dass ich so krank bin, ist Ausdruck einer starken Erleichterung karmischer Vergeltung[8]. Die Gakkai ist nicht zerstört worden – stattdessen habe nun ich diese Krankheit bekommen."

7 Goldener-Herbst-Gruppe: Seniorengruppe der Soka Gakkai

8 *Erleichterung der karmischen Vergeltung*: Prinzip, nach dem man mittels des Glaubens und der buddhistischen Ausübung die Wirkungen schlechten Karmas aus der Vergangenheit mildern kann.

Bei einer anderen Gelegenheit sagte er zu jemandem: „Ich denke, ich werde zum Daishonin zurückkehren [wenn ich sterbe] und ungefähr eine Woche bis zehn Tage an seiner Seite bleiben. Nachdem es im Universum neben der Erde noch zahllose andere Planeten gibt, würde ich sofort zu einem von ihnen aufbrechen und dort für Kosen-rufu arbeiten, wenn der Daishonin mich darum bäte." So unbegrenzt war sein Lebenszustand: Um das Vermächtnis des Daishonins zu erfüllen, war er bereit, überall hinzugehen.

Darüber hinaus wollte Toda diesen großartigen Lebenszustand mit so vielen Menschen wie möglich teilen. Um nur einen kleinen Teil seiner Erleuchtung an uns weiterzugeben, lehrte er oft, dass Buddhaschaft absolutes Glück bedeutet. „Absolutes Glück", so Toda, „bedeutet, an jedem Tag, ja in jedem Augenblick des Lebens eine unbändige Freude zu empfinden."

Wenn wir bis zum Ende für Kosen-rufu kämpfen, können wir selbst in den letzten Tagen unseres Lebens einen solch weiten Seinszustand genießen. Nach Toda ist dies der Beweis für die Verwirklichung der Buddhaschaft in diesem Leben – der Beweis, dass jemand den Weg des ewigen Glücks eingeschlagen hat.

Inspiriert von der majestätischen Erscheinung des Fuji widmete sich Toda bis zum letzten Augenblick seines Lebens völlig unerschrocken seiner Verantwortung für Kosen-rufu. Ich bin der festen Überzeugung, dass seine wertvolle Existenz uns allen ein Vorbild für die Verwirklichung der Buddhaschaft in diesem Leben sein kann.

Gemeinsames Daimoku von Meister und Schüler ist wie das Brüllen des Löwen

Ohne eine kämpferische und herausfordernde Haltung können wir die Buddhaschaft nicht erlangen. Nur so wird die Kausalität der Buddhaschaft zum festen Stützpfeiler unseres Lebens. „Kämpferische Haltung" beinhaltet folgende Aspekte:

- den Geist der „wahren Ursache", d. h. immer von jetzt an neu zu beginnen,
- den Entschluss, niemals im Glauben nachzulassen,
- das Herz des Löwenkönigs,
- den Wunsch, sich niemals besiegen lassen,
- einen Glauben, der jeden Tag an Stärke zunimmt.

Wenn es gelingt, das Daimoku von Nam-Myoho-Renge-Kyo mit einer solchen Einstellung zu chanten, wird es zur Quelle unendlichen Wachstums. Keine noch so schmerzhafte Schwierigkeit, kein noch so schweres Karma stellen ein Hindernis dar für das Daimoku eines Löwenkönigs. Nam-Myoho-Renge-Kyo besitzt die Kraft, Widrigkeiten in ein Sprungbrett für Wachstum, Karma in Aufgabe und Sorgen in eine Quelle der Kreativität zu verwandeln. Im rhythmischen Klang von Nam-Myoho-Renge-Kyo pulsiert das Leben Nichiren Daishonins selbst.

Das Daimoku, das die Mitglieder der Soka Gakkai rezitieren, entspricht dem Daimoku der ersten beiden Präsidenten, Makiguchi und Toda; ihr Gebet ist der große Wunsch nach dem Glück der gesamten Menschheit. Wenn uns beim Chanten der kämpferische Geist des mutigen Löwenkönigs abhanden kommt, entfernt sich unser Daimoku von dem unserer Mentoren. In diesem Fall erzeugt unser Gebet nicht mehr das „Brüllen des Löwen", das entsteht, wenn Meister und Schüler gemeinsam chanten.[9] Es entspricht dann nicht länger dem Daimoku Nichiren Daishonins, sondern ist nur noch Ausübung einer unterlegenen Lehre ohne Verbindung zum Geist Shakyamunis.

Wir können davon ausgehen, dass der Daishonin im letzten Abschnitt von *Über die Verwirklichung der Buddhaschaft in diesem Leben* aus dem Kapitel *Übernatürliche Kräfte* des Lotos-Sutras zitiert, um uns diesen erhabenen Geist von Meister und Schüler zu vermitteln. So betrachtet spiegelt es auch die Einstellung wider, die Gosho – das Herz der Soka Gakkai – stets zu unserer Grundlage zu machen. Denn die Soka Gakkai als Organisation ist direkt mit Nichiren Daishonin verbunden.

Der Daishonin beendet *Über die Verwirklichung der Buddhaschaft in diesem Leben* mit einer Warnung: „Zweifeln Sie nicht im geringsten! Das ist der Glaube zur Verwirklichung der Buddhaschaft in diesem einen Leben." (DG 1, 45) Unser Glaube entscheidet alles.

Um noch einmal auf den Anfang dieser Schrift zurück zu kommen: Der Daishonin erwähnt gleich zu Beginn die Möglichkeit der Befreiung von den Leiden aus Geburt und Tod, die wir seit aller Ewigkeit erduldet haben, und der Erlangung der höchsten Erleuchtung in diesem einen Leben (vgl. DG 1, 43). Der

9 In der *Aufzeichnung der mündlich überlieferten Lehren* heißt es: „Das Brüllen des Löwen (*shishi ku*) ist die Predigt des Buddhas. Predigt des Gesetzes bedeutet Predigt des Lotos-Sutras, insbesondere die Predigt von Nam-Myoho-Renge-Kyo. Die erste Silbe *shi* [Lehrer] des Wortes *shishi*, oder ‚Löwe' ist das wunderbare Gesetz, das der Lehrer weitergibt. Das zweite *shi* [‚Kind'] ist das wunderbare Gesetz, wie es von den Schülern empfangen wird. Das ‚Brüllen' [aus dem Begriff ‚das Brüllen des Löwen'] ist der Einklang der Stimmen, wenn der Meister und seine Schüler gemeinsam chanten." (OTT, 111)

Zweck unserer gegenwärtigen Existenz liegt darin, uns von den Ketten des Leidens zu befreien, das wir seit der entfernten Vergangenheit erduldet haben, und den ewigen Zustand der Buddhaschaft zu erlangen. Wenn wir uns von ganzem Herzen herausfordern mit dem Wunsch, in diesem Leben nichts bereuen zu müssen, können wir uns einen Lebenszustand erschließen, der bis in alle Ewigkeit siegreich und ohne Bedauern ist.

Ich weiß
um das Wunder
des höchsten Glücks
und des strahlenden Sieges
eines großartigen Lebens.

Dieses Gedicht habe ich Anfang dieses Jahres [2006, A. d. Ü.] in dem Wunsch verfasst, dass alle Mitglieder der SGI ein wahrhaft erfülltes Leben führen mögen – auf dass Sie alle erfolgreich den Weg zur Verwirklichung der Buddhaschaft in diesem Leben beschreiten und sich dabei des „höchsten Glücks" sowie des „strahlenden Sieges eines großartigen Lebens" erfreuen!

Wir wollen den Kampf um die Verwirklichung der Buddhaschaft in diesem Leben – einen Kampf, der die Ewigkeit auf den gegenwärtigen Moment verdichtet – entschlossen gewinnen und die Reise von Kosen-rufu auf alle Ewigkeit gemeinsam und voller Freude fortsetzen.

Anmerkungen zu den Quellenangaben

Bei den hier von Nichiren Daishonin zitierten Schriften (Gosho) wurde je nach Verfügbarkeit einer offiziellen Übersetzung auf die deutsche, englische oder japanische Gosho verwiesen:

DG die deutsche Übersetzung der Gosho, gefolgt von der Bandziffer, gefolgt von der Seitenzahl
WND die englische Übersetzung der Gosho (*The Writings of Nichiren Daishonin*), gefolgt von der Seitenzahl
GZ Gosho Zenshu (Japanische Gosho), gefolgt von der Seitenzahl

* * *

Teilweise enthalten die Zitate aus der deutschen Gosho Alternativübersetzungen in eckigen Klammern. Diese Neuübersetzungen wurden notwendig, da sich die Goshovorlesung im englischen Text an die *Writings of Nichiren Daishonin* anlehnt, die teilweise erheblich von der deutschen Veröffentlichung abweichen. Im Vorlesungstext wird in diesem Fall ebenfalls die Neuübersetzung verwendet.

* * *

Alle Zitate aus dem Lotos-Sutra beziehen sich auf die englische Übersetzung: *The Lotus Sutra*, Burton Watson (New York, Columbia University Press, 1993). Der Einfachheit halber wurde die Quellenangabe zum Zitat folgendermaßen abgekürzt:
LS, gefolgt von der Kapitelnummer, gefolgt von der Seitenzahl.

Stichwortverzeichnis

***

Notizen

Notizen